心一堂術數古籍珍本叢刊

書名：骨相學
系列：心一堂術數古籍珍本叢刊　相術類　第二輯　146
作者：【民國】風萍生編著
主編、責任編輯：陳劍聰
心一堂術數古籍珍本叢刊編校小組：陳劍聰　素聞　梁松盛　鄒偉才　虛白盧主

出版：心一堂有限公司
通訊地址：香港九龍旺角彌敦道六一〇號荷李活商業中心十八樓〇五一〇六室
深港讀者服務中心．中國深圳市羅湖區立新路六號羅湖商業大廈負一層〇〇八室
電話號碼：(852)67150840
網址：publish.sunyata.cc
電郵：sunyatabook@gmail.com
網店：http://book.sunyata.cc
淘寶店地址：https://shop210782774.taobao.com
微店地址：https://weidian.com/s/1212826297
臉書：https://www.facebook.com/sunyatabook
讀者論壇：http://bbs.sunyata.cc/

版次：二零一六年五月初版
平裝

定價：港幣　一百八十元正
人民幣　一百八十元正
新台幣　七百九十八元正

國際書號：ISBN 978-988-8317-19-6

香港發行：香港聯合書刊物流有限公司
地址：香港新界大埔汀麗路36號中華商務印刷大廈3樓
電話號碼：(852)2150-2100
傳真號碼：(852)2407-3062
電郵：info@suplogistics.com.hk

台灣發行：秀威資訊科技股份有限公司
地址：台灣台北市內湖區瑞光路七十六巷六十五號一樓
電話號碼：+886-2-2796-3638
傳真號碼：+886-2-2796-1377
網絡書店：www.bodbooks.com.tw
台灣國家書店讀者服務中心：
地址：台灣台北市中山區松江路二〇九號一樓
電話號碼：+886-2-2518-0207
傳真號碼：+886-2-2518-0778
網絡書店：http://www.govbooks.com.tw

中國大陸發行　零售：深圳心一堂文化傳播有限公司
深圳地址：深圳市羅湖區立新路六號羅湖商業大廈負一層〇〇八室
電話號碼：(86)0755-82224934

心一堂微店二維碼

心一堂淘寶店二維碼

心一堂術數古籍　珍本叢刊　總序
　　　　　　　　整理

術數定義

術數，大概可謂以「推算（推演）、預測人（個人、群體、國家等）、事、物、自然現象、時間、空間方位等規律及氣數，並或通過種種『方術』，從而達致趨吉避凶或某種特定目的」之知識體系和方法。

術數類別

我國術數的內容類別，歷代不盡相同，例如《漢書·藝文志》中載，漢代術數有六類：天文、曆譜、五行、蓍龜、雜占、形法。至清代《四庫全書》，術數類則有：數學、占候、相宅相墓、占卜、命書、相書、陰陽五行、雜技術等，其他如《後漢書·方術部》、《藝文類聚·方術部》、《太平御覽·方術部》等，對於術數的分類，皆有差異。古代多把天文、曆譜、及部分數學均歸入術數類，而民間流行亦視傳統醫學作為術數的一環；此外，有些術數與宗教中的方術亦往往難以分開。現代民間則常將各種術數歸納為五大類別：命、卜、相、醫、山，通稱「五術」。

本叢刊在《四庫全書》的分類基礎上，將術數分為九大類別：占筮、星命、相術、堪輿、選擇、三式、讖諱、理數（陰陽五行）、雜術（其他）。而未收天文、曆譜、算術、宗教方術、醫學。

術數思想與發展——從術到學，乃至合道

我國術數是由上古的占星、卜筮、形法等術發展下來的。其中卜筮之術，是歷經夏商周三代而通過「龜卜、蓍筮」得出卜（筮）辭的一種預測（吉凶成敗）術，之後歸納並結集成書，此即現傳之《易

經》。經過春秋戰國至秦漢之際，受到當時諸子百家的影響、儒家的推崇，遂有《易傳》等的出現，原本是卜筮術書的《易經》，被提升及解讀成有包涵「天地之道（理）」之學。因此，《易・繫辭傳》曰：「易與天地準，故能彌綸天地之道。」

漢代以後，易學中的陰陽學說，與五行、九宮、干支、氣運、災變、律曆、卦氣、讖緯、天人感應說等相結合，形成易學中象數系統。而其他原與《易經》本來沒有關係的術數，如占星、形法、選擇，亦漸漸以易理（象數學說）為依歸。《四庫全書・易類小序》云：「術數之興，多在秦漢以後。要其旨，不出乎陰陽五行，生尅制化。實皆《易》之支派，傳以雜說耳。」至此，術數可謂已由「術」發展成「學」。

及至宋代，術數理論與理學中的河圖洛書、太極圖、邵雍先天之學及皇極經世等學說給合，通過術數以演繹理學中「天地中有一太極，萬物中各有一太極」（《朱子語類》）的思想。術數理論不單已發展至十分成熟，而且也從其學理中衍生一些新的方法或理論，如《梅花易數》、《河洛理數》等。

在傳統上，術數功能往往不止於僅僅作為趨吉避凶的方術，及「能彌綸天地之道」的學問，亦有其「修心養性」的功能，「與道合一」（修道）的內涵。《素問・上古天真論》：「上古之人，其知道者，法於陰陽，和於術數。」數之意義，不單是外在的算數、歷數、氣數，而是與理學中同等的「道」、「理」--心性的功能，北宋理氣家邵雍對此多有發揮：「聖人之心，是亦數也」、「萬化萬事生乎心」、「心為太極」。《觀物外篇》：「先天之學，心法也。……蓋天地萬物之理，盡在其中矣，心一而不分，則能應萬物。」反過來說，宋代的術數理論，受到當時理學、佛道及宋易影響，認為心性本質上是等同天地之太極。天地萬物氣數規律，能通過內觀自心而有所感知，即是內心也已具備有術數的推演及預測、感知能力；相傳是邵雍所創之《梅花易數》，便是在這樣的背景下誕生。

《易・文言傳》已有「積善之家，必有餘慶；積不善之家，必有餘殃」之說，至漢代流行的災變說及讖緯說，我國數千年來都認為天災，異常天象（自然現象），皆與一國或一地的施政者失德有關；下至家族、個人之盛衰，也都與一族一人之德行修養有關。因此，我國術數中除了吉凶盛衰理數之外，人心的德行修養，也是趨吉避凶的一個關鍵因素。

術數與宗教、修道

在這種思想之下，我國術數不單只是附屬於巫術或宗教行為的方術，又往往是一種宗教的修煉手段——通過術數，以知陰陽，乃至合陰陽（道）。「其知道者，法於陰陽，和於術數。」例如，「奇門遁甲」術中，即分為「術奇門」與「法奇門」兩大類。「法奇門」中有大量道教中符籙、手印、存想、內煉的內容，是道教內丹外法的一種重要外法修煉體系。甚至在雷法一系的修煉上，亦大量應用了術數內容。此外，相術、堪輿術中也有修煉望氣（氣的形狀、顏色）的方法；堪輿家除了選擇陰陽宅之吉凶外，也有道教中選擇適合修道環境（法、財、侶、地中的地）的方法，以至通過堪輿術觀察天地山川陰陽之氣，亦成為領悟陰陽金丹大道的一途。

易學體系以外的術數與的少數民族的術數

我國術數中，也有不用或不全用易理作為其理論依據的，如揚雄的《太玄》、司馬光的《潛虛》。也有一些占卜法、雜術不屬於《易經》系統，不過對後世影響較少而已。

外來宗教及少數民族中也有不少雖受漢文化影響（如陰陽、五行、二十八宿等學說。）但仍自成系統的術數，如古代的西夏、突厥、吐魯番等占卜及星占術，藏族中有多種藏傳佛教占卜術、苯教占卜術、擇吉術、推命術、相術等；北方少數民族有薩滿教占卜術；不少少數民族如水族、白族、布朗族、佤族、彝族、苗族等，皆有占雞（卦）草卜、雞蛋卜等術，納西族的占星術、占卜術，彝族畢摩的推命術、占卜術……等等，都是屬於《易經》體系以外的術數。相對上，外國傳入的術數以及其理論，對我國術數影響更大。

曆法、推步術與外來術數的影響

我國的術數與曆法的關係非常緊密。早期的術數中，很多是利用星宿或星宿組合的位置（如某星在某州或某宮某度）付予某種吉凶意義，并據之以推演，例如歲星（木星）、月將（某月太陽所躔之宮次）等。不過，由於不同的古代曆法推步的誤差及歲差的問題，若干年後，其術數所用之星辰的位置，已與真實星辰的位置不一樣了；此如歲星（木星），早期的曆法及術數以十二年為一周期（以應地支），與木星真實周期十一點八六年，每幾十年便錯一宮。後來術家又設一「太歲」的假想星體來解決，是歲星運行的相反，週期亦剛好是十二年。而術數中的神煞，很多即是根據太歲的位置而定。又如六壬術中的「月將」，原是立春節氣後太陽躔娵訾之次而稱作「登明亥將」，至宋代，因歲差的關係，要到雨水節氣後太陽才躔娵訾之次，當時沈括提出了修正，但明清時六壬術中「月將」仍然沿用宋代沈括修正的起法沒有再修正。

由於以真實星象周期的推步術是非常繁複，而且古代星象推步術本身亦有不少誤差，大多數術數除依曆書保留了太陽（節氣）、太陰（月相）的簡單宮次計算外，漸漸形成根據干支、日月等的各自起例，以起出其他具有不同含義的眾多假想星象及神煞系統。唐宋以後，我國絕大部分術數都主要沿用這一系統，也出現了不少完全脫離真實星象的術數，如《子平術》、《紫微斗數》、《鐵版神數》等。後來就連一些利用真實星辰位置的術數，如《七政四餘術》及選擇法中的《天星選擇》，也已與假想星象及神煞混合而使用了。

隨着古代外國曆（推步）、術數的傳入，如唐代傳入的印度曆法及術數，元代傳入的回回曆等，其中我國占星術便吸收了印度占星術中羅睺星、計都星等而形成四餘星，又通過阿拉伯占星術而吸收了其中來自希臘、巴比倫占星術的黃道十二宮、四大（四元素）學說（地、水、火、風），並與我國傳統的二十八宿、五行說、神煞系統並存而形成《七政四餘術》。此外，一些術數中的北斗星名，不用我國傳統的星名：天樞、天璇、天璣、天權、玉衡、開陽、搖光，而是使用來自印度梵文所譯的：貪狼、巨門、祿存、文曲，廉貞、武曲、破軍等，此明顯是受到唐代從印度傳入的曆法及占星術所影響。如星命術中的《紫微斗數》及堪輿術中的《撼龍經》等文獻中，其星皆用印度譯名。及至清初《時憲曆》，置閏之法則改用西法「定氣」。清代以後的術數，又作過不少的調整。

此外，我國相術中的面相術、手相術，唐宋之際受印度相術影響頗大，至民國初年，又通過翻譯歐西、日本的相術書籍而大量吸收歐西相術的內容，形成了現代我國坊間流行的新式相術。

陰陽學——術數在古代、官方管理及外國的影響

術數在古代社會中一直扮演着一個非常重要的角色，影響層面不單只是某一階層、某一職業、某一年齡的人，而是上自帝王，下至普通百姓，從出生到死亡，不論是生活上的小事如洗髮、出行等，大事如建房、入伙、出兵等，從個人、家族以至國家，從天文、氣象、地理到人事、軍事，從民俗、學術到宗教，都離不開術數的應用。我國最晚在唐代開始，已把以上術數之學，稱作陰陽（學），行術數者稱陰陽人。（敦煌文書、斯四三二七唐《師師漫語話》：「以下說陰陽人謾語話」，此說法後來傳入日本，今日本人稱行術數者為「陰陽師」）。一直到了清末，欽天監中負責陰陽術數的官員中，以及民間術數之士，仍名陰陽生。

古代政府的中欽天監（司天監），除了負責天文、曆法、輿地之外，亦精通其他如星占、選擇、堪輿等術數，除在皇室人員及朝庭中應用外，也定期頒行日書、修定術數，使民間對於天文、日曆用事吉凶及使用其他術數時，有所依從。

我國古代政府對官方及民間陰陽學及陰陽官員，從其內容、人員的選拔、培訓、認證、考核、律法監管等，都有制度。至明清兩代，其制度更為完善、嚴格。

宋代官學之中，課程中已有陰陽學及其考試的內容。（宋徽宗崇寧三年〔一一零四年〕崇寧算學令：「諸學生習……並曆算、三式、天文書。」「諸試……三式即射覆及預占三日陰陽風雨。天文即預

定一月或一季分野災祥，並以依經備草合問為通。」

金代司天臺，從民間「草澤人」（即民間習術數人士）考試選拔：「其試之制，以《宣明曆》試推步，及《婚書》、《地理新書》試合婚、安葬，並《易》筮法，六壬課、三命、五星之術。」（《金史》卷五十一・志第三十二・選舉一）

元代為進一步加強官方陰陽學對民間的影響、管理、控制及培育，除沿襲宋代、金代在司天監掌管陰陽學及中央的官學陰陽學課程之外，更在地方上增設陰陽學課程（《元史・選舉志一》：「世祖至元二十八年夏六月始置諸路陰陽學。」）地方上也設陰陽學教授員，培育及管轄地方陰陽人。（《元史・選舉志一》：「（元仁宗）延祐初，令陰陽人依儒醫例，於路、府、州設教授員，凡陰陽人皆管轄之，而上屬於太史焉。」）自此，民間的陰陽術士（陰陽人），被納入官方的管轄之下。

至明清兩代，陰陽學制度更為完善。中央欽天監掌管陰陽學，明代地方縣設陰陽學正術，各州設陰陽學典術，各縣設陰陽學訓術。陰陽人從地方陰陽學肄業或被選拔出來後，再送到欽天監考試。（《大明會典》卷二二三：「凡天下府州縣舉到陰陽人堪任正術等官者，俱從吏部送（欽天監），考中，送回選用；不中者發回原籍為民，原保官吏治罪。」）清代大致沿用明制，凡陰陽術數之流，悉歸中央欽天監及地方陰陽官員管理、培訓、認證。至今尚有「紹興府陰陽印」、「東光縣陰陽學記」等明代銅印，及某某縣某某之清代陰陽執照等傳世。

清代欽天監漏刻科對官員要求甚為嚴格。《大清會典》「國子監」規定：「凡算學之教，設肄業生。滿洲十有二人，蒙古、漢軍各六人，於各旗官學內考取。漢十有二人，於舉人、貢監生童內考取。附學生二十四人，由欽天監選送。教以天文演算法諸書，五年學業有成，舉人引見以欽天監博士用，貢監生童以天文生補用。」學生在官學肄業、貢監生肄業或考得舉人後，經過了五年對天文、算法、陰陽學的學習，其中精通陰陽術數者，會送往漏刻科。而在欽天監供職的官員，《大清會典則例》「欽天監」規定：「本監官生三年考核一次，術業精通者，保題升用。不及者，停其升轉，再加學習。如能黽勉供職，即予開復。仍不及者，降職一等，再令學習三年，能習熟者，准予開復，仍不能者，黜退。」除定期考核以定其升用降職外，《大清律例》中對陰陽術士不準確的推斷（妄言禍福）是要治罪的。《大清律例．一七八．術七．妄言禍福》：「凡陰陽術士，不許於大小文武官員之家妄言禍福，違者杖一百。其依經推算星命卜課，不在禁限。」大小文武官員延請的陰陽術士，自然是以欽天監漏刻科官員或地方陰陽官員為主。

官方陰陽學制度也影響鄰國如朝鮮、日本、越南等地，一直到了民國時期，鄰國仍然沿用着我國的多種術數。而我國的漢族術數，在古代甚至影響遍及西夏、突厥、吐蕃、阿拉伯、印度、東南亞諸國。

術數研究

術數在我國古代社會雖然影響深遠，「是傳統中國理念中的一門科學，從傳統的陰陽、五行、九宮、八卦、河圖、洛書等觀念作大自然的研究。……傳統中國的天文學、數學、煉丹術等，要到上世紀中葉始受世界學者肯定。可是，術數還未受到應得的注意。術數在傳統中國科技史、思想史，文化史、社會史，甚至軍事史都有一定的影響。……更進一步了解術數，我們將更能了解中國歷史的全貌。」（何丙郁《術數、天文與醫學中國科技史的新視野》，香港城市大學中國文化中心。）

可是術數至今一直不受正統學界所重視，加上術家藏秘自珍，又揚言天機不可洩漏，「（術數）乃吾國科學與哲學融貫而成一種學說，數千年來傳衍嬗變，或隱或現，全賴一二有心人為之繼續維繫，賴以不絕，其中確有學術上研究之價值，非徒癡人說夢，荒誕不經之謂也。其所以至今不能在科學中成立一種地位者，實有數因。蓋古代士大夫階級目醫卜星相為九流之學，多恥道之；而發明諸大師又故為惝怳迷離之辭，以待後人探索；間有一二賢者有所發明，亦秘莫如深，既恐洩天地之秘，復恐譏為旁門左道，始終不肯公開研究，成立一有系統說明之書籍，貽之後世。故居今日而欲研究此種學術，實一極困難之事。」（民國徐樂吾《子平真詮評註》，方重審序）

現存的術數古籍，除極少數是唐、宋、元的版本外，絕大多數是明、清兩代的版本。其內容也主要是明、清兩代流行的術數，唐宋或以前的術數及其書籍，大部分均已失傳，只能從史料記載、出土文獻、敦煌遺書中稍窺一鱗半爪。

術數版本

坊間術數古籍版本，大多是晚清書坊之翻刻本及民國書賈之重排本，其中豕亥魚魯，或任意增刪，往往文意全非，以至不能卒讀。現今不論是術數愛好者，還是民俗、史學、社會、文化、版本等學術研究者，要想得一常見術數書籍的善本、原版，已經非常困難，更遑論如稿本、鈔本、孤本等珍稀版本。在文獻不足及缺乏善本的情況下，要想對術數的源流、理法、及其影響，作全面深入的研究，幾不可能。

有見及此，本叢刊編校小組經多年努力及多方協助，在海內外搜羅了二十世紀六十年代以前漢文為主的術數類善本、珍本、鈔本、孤本、稿本、批校本等數百種，精選出其中最佳版本，分別輯入兩個系列：

一、心一堂術數古籍珍本叢刊

二、心一堂術數古籍整理叢刊

前者以最新數碼（數位）技術清理、修復珍本原本的版面，更正明顯的錯訛，部分善本更以原色彩色精印，務求更勝原本。并以每百多種珍本、一百二十冊為一輯，分輯出版，以饗讀者。

後者延請、稿約有關專家、學者，以善本、珍本等作底本，參以其他版本，古籍進行審定、校勘、注釋，務求打造一最善版本，方便現代人閱讀、理解、研究等之用。

限於編校小組的水平，版本選擇及考證、文字修正、提要內容等方面，恐有疏漏及舛誤之處，懇請方家不吝指正。

心一堂術數古籍 珍本/整理 叢刊編校小組

二零零九年七月序

二零一四年九月第三次修訂

骨相學目錄

骨相學　三

骨相學　九

骨相學

緒論

第一章　何謂骨相學

卜易星相之術。流傳甚久。東西所同也。綜而分之。可得二種。一則從演繹的法則。卜人生之運命。一則從歸納的論法。判人心之性質。易術及阿施託羅吉 Astrology（希臘古代之占星學）屬第一項。阿斯託羅吉。行於希臘古代。配人事以星辰。預言人生禍福。易術發源河圖洛書。演成八卦。以通造化玄祕。而卜知天命者也。第二項曰富雷諾吉 Phrenology（骨相學）及東洋相術。富雷諾吉殆與相術宗旨相同。蓋一則藉人類頭骨形狀。判斷其稟性。一則相人類面貌骨格或手掌等。從其特徵。以判斷人生禍福者也。二宗之外。若東洋之推算干支九星。西洋之占術。Divination。派脈流傳。似均發源於河圖洛書者。不遑枚舉。人文漸進。學術昌明。市俗無稽之謬說。足以惑愚夫婦。而不足取信於通人。亦猶夫鬼妖狐怪。足以惑古人而不足以欺今人也。溯諸往古人智未開之世。凡人智所不能判測者。悉託之於神鬼日月星辰之大。蟲魚木石之徵。均奉爲神明。崇以祀典。以祈禋福。以卜吉凶。在蒙荒草昧。東西歷史莫不均然。此固由於眞理之未明。人智之未進也。至於占術從干支之說。似根據於日月星辰之運行。而以天圓地方。爲其歸宿。迄於今日。卽持以語小學兒童。亦將詫爲妄談。斯則根據既謬。而乃謂其說之足信。豈非奇事。至於人類精神。存諸腦蓋中之大腦小腦。以支配夫全體神經。生理解剖上之所證也。古昔則謂人類精神。寓諸心臟。自經生理解剖之後。羣知古說之謬矣。

此開明之空氣。及學理之引證。足以掃盡頑迷。趨向眞理。非眞理之學說。既與時以俱沒。眞理之學說。乃應運而俱生。若佛教因果。易學陰陽。乃以哲理爲根據者。雖亙萬世而不磨可也。至其干支九宮。地獄神鬼。斯則迷信而已。烏足信哉。故著者譯此骨相一編。所由揭眞理之大旆。以應時勢之要求者也。

骨相學者。相人頭骨之學也。觀察頭骨形狀以推究人生性質。其說純粹根據學理。盡人能解。毫無不可思議者。總之腦髓居頭蓋之中。爲精神首府。其容積之大小多寡。關係乎人之賢愚智能。學說之所證也。而腦髓多寡。又與頭蓋骨爲比例。智能優勝之人頭蓋骨必大。反之則小。世所知也。至於頭蓋骨具有何種形狀。乃屬諸何種才能。此則骨相學之範圍。根據於心理生理諸學。爲確實眞理。且與各種科學互相發明。應用汎及於人事萬端。其利甚溥。世之博學多聞之士。所宜涉獵及之。以期增進社會之福祉於萬一。斯則譯者輸入此學之心。當有以自慰已。

第二章　骨相學之歷史

骨相學自徐賽夫科爾博士發明以來。學者繼起。祖述發明。迄今日已匯爲大成。蓋已經過研究時代。而入於應用時代矣。其根據則宗於科學。其應用則普及人事。百年以來。久經世人論定。勿待著者自稱。輸入東洋已有十五六年。而因世人誤解。乃視之等於易卜星相。混美玉於碔砆。齊黃金於瓦礫。此則非世人之咎。乃骨相學未曾普及之咎也。斯則此編之著。又屬刻不容緩者已。

人類爲社交動物。必組織社會國家。制定法律。以保相互之安寧秩序。而共求幸福。文化既進。人類關係愈臻複雜。而社交範圍愈演愈廣。在昔原人時代。不過一家族之集團。其社交關係。爭鬭而已。殺戮而已。後乃知結會集團。演進以成國家。交通開拓。以行貿易。後此社交關係。漸推行於異人種間。而關係愈臻複雜。昔之爭鬭社交。今則應用文明利器矣。術策計謀。交相爲用。而社交關係。乃爲人世上第一之難關。吾人之交際。爲居社會中所不能免。夫人心之不同。各如其面。諺曰。出門一步遇敵七人。又云人情閱盡秋雲厚。世事經過蜀道平。足徵處世交際之難。而人心之不易測也。然使吾人當交際之初。能特具隻眼。覷其面而知其心。則經商可免詐欺。士人免交惡友。判官可觀破犯罪者。男子可擇賢妻。父母可爲其子選擇適宜職業。若燭照數計然。世有懷疑吾言者乎。請熟讀此編可已。

第一編　總論

第一章　骨相學沿革

骨相學發源希臘。原語曰Phrenology。精神論之意也。不譯稱精神論而曰骨相學。以骨相學之名稱。似較精神論意義尤爲醒豁。且係吾國舊有之名稱也。

骨相學傳衍千七百五十七年。日爾曼人徐賽夫科爾博士。獨承絕學。加以新發明。後更經學者推演。遂成完璧。方氏之學生時代。有同學某氏。記憶獨優。而其前額則特爲隆起。及觀他友。均無此特徵。而記憶較劣。此偶然之事。乃觸起科爾博士研究之心。遂發明人類才智均關係於腦。及後歷驗多人。其前額隆起者。記憶力均皆優勝。推而及於其他才智性情。亦必關係頭蓋各部。於是就鑑查所得。潛心凝思。匯爲統計。閱人既多。狀態各異。甲之隆起。乙之陷下。丙之大。丁之小。再察其性質才能。則甲乙丙丁四人。各有短長。性質各異。氏抱此確信。精心獨造。研究十二年。學乃大成。千七百九十六年。開講堂於維也納。以其所傳絕學。授徒不倦。居無何。爲奧政府所禁。博士乃赴巴黎。授徒如初。以研究斯學終其身。著述浩瀚。一千八百二十八年逝世。門弟子繼其遺志。爲骨相學泰斗者。如奧之斯貝哈姆博士。科布氏。奧多來科布博士均是也。而尤以斯貝哈母博士有出藍之譽。所著書均根據生理解剖以爲證明。且應用於精神學。修身學。竟前人未了之功。開後世研究之緒。功莫大焉。科布氏去之英美。著骨相學數卷。公於當世。茲學賴以普及。昂多留科布博士。應用骨相於醫治精神病。及小兒教育。使學理應用。互爲攷證。後來學者愈多。侖古羅孫氏更闢蹊徑。創犯罪骨相學一分科。裨益科學界。其功亦不小焉。

日本十數年前。有佐藤正道氏。由歐州歸國。輸入此學。創設骨相學館於大阪。從學者得數百人。刊行骨相學講義全書傳世。惜說明過於簡短。讀者頗難窮其蘊奧。斯爲日本骨相學之始。近年高橋邦造氏。新自歐洲返國。大開演說。爲學者所歡迎。第向之習得斯術者。或祕傳不肯示人。或傳焉而不詳。或且以供賣卜之具。而斯學著述。世鮮傳流者。著者憾焉。爰本十年來之研究。發見新例甚多。匯為此編。以為斯學之貢獻。幸勿視為河漢云爾。

第二章　各科學之證明

人之頭腦為精神所宿。時在今日。亦無異說。中國古醫書所載。諸髓皆屬於腦。諸筋皆屬於骨。諸血皆屬於心。諸氣皆屬於肺云云。又云。精神皆發自心臟。歐西古說。亦屬紛紜。莫衷一是。迨醫祖「西坡古喇得氏」創為精神發源於腦。以來世論翕然宗之。復衷於一。但爾時解剖心理諸學。尚在暗黑時代。此二學之論仍岐。解剖學者。以為人之精神。亦不外乎一種物質。惟其品位高等。靈妙善為攷慮。能為知覺而已。心理學者。則以為人之精神。與肉體殊途。精神可超然物體之外。常存天壤之間。永遠不朽。即靈魂不滅論是也。二者之間。聚訟紛紜。莫衷一是。此則唯物唯心二派。永無調和之日也。

骨相學出世較晚。奇峯突起。異幟高舉。以謂二派均不足取。二派之聚訟。殊屬無益之事。夫精神物質之屬。夫一物或屬二物。歸諸造化神奇。終非人智所能推測。吾人但認定精神宿於頭骨之中。從其頭蓋之形狀方法。而爲種種活動之原因可也。故精神之健全者。須腦之狀態健全而後可。今世唯物之解剖學。以及唯心之心理學。不過各存片面理由而已。無足取也。試觀人因睡眠壓迫卒倒。爲精神上活動停止之時。苟心理學所認之靈魂與肉體無涉。能獨立而爲動作之時。則必物質之腦髓休息。而靈魂活動仍無停止乃可。顧何以腦部一逢壓迫。而知覺亦復惘然耶。斯則唯心論之不足據也。歷來骨相學者。如科布氏賀里克蘭氏古貝氏恰孫文氏古里那氏等。均持此說。及其經驗上之例證。以駁擊唯心論。古貝氏以爲精神之妄動。每發顯於形質。曾舉某少年間上失脫頭顱一部者以爲之證。布侖巴克氏。曾見有腦之一部暴露者。於睡時雖陷落。醒後則復原云。以上諸說。骨相學心理學解剖學三者之間。入主出奴。甲論乙駁。殆將無調和之餘地矣。洎夫近日。學術昌明。心理學與解剖學。漸次接近。蓋輓近心理學以生理學爲基礎。而生理學又以解剖學爲根據也。我骨相學。仍墨守陳編古說。不願與其他科學調和。其論有曰。譬如生理心理各學。勿論進步至何等地步。與骨相學毫無關係。蓋骨相學自有一定根據。其所攷查。自能得歸納上一定之結果。發皆中鵠。不必排斥他種科學。以張我門戶。又云。生理學以腦爲精神中樞。而不知腦之各部。分貯各種之才智也。心理學以人之精神屬大腦。運動作用屬小腦。而不知一切才智。俱發顯於頭骨表面也。總之目今生理心理諸學。尚未能臻完全之域。生理學中之構造。心理學中之官能。不明部分。尚多存在。徒委之造化神奇。留俟後之學者而已。世人不察原委。入主出奴。妄肆排擊。甚無謂也。著者不敏。專攷骨相之學。已歷年所。竊願出其蘊緒。以餉同好之士。此章所述。欲翻前賢之論。而與各科學調和引證。互爲發明。且舉各科學不明之點。以供有心人參攷而已。試舉要旨三前提如下。

(一)腦中如無各異之職司。則不能爲思攷及知覺。猶之無耳目。則不能爲視聽也。

(二)精神病出於各職司混亂。是爲致病之本源。

(三)完全之精神。寓於其各異之職司。此爲完全。

據此三前提。以推論及生理病理心理諸學。其結果與骨相學。使之無相出入。且爲各學科有利之研究焉。

第二章　骨相學之基礎

自西城古喇得斯氏倡人之精神在腦以還。更經生理學者解剖學者之研究。斯說之基礎大定。迄於今日。腦部實爲思慮感情知覺之中樞。心理學者既歸宗此論。醫學亦以之爲基礎。而精神治療之方針乃定。教育家因之而爲教育兒童之助。均此論之賜也。但據近世醫學生理學者之言。構造上仍多不明之點。斯則不得不屬望於骨相學者。爲之互相引證發明也已。夫腦之大小輕重。既關係人之智愚。甚且有以腦之輕重。測知其國度文明者矣。試揭統計如下。

男子之腦重量平均千三百七十五格蘭。女子平均千二百四十五格蘭。男子腦之最輕者。九百六十格蘭。女子最輕者僅八百格蘭耳。至於最重之腦有至二千格蘭者。總之男重於女。若從年齡推測。男女腦量均從七歲起。逐漸增多至二十歲。達一定之重量而止。至二十歲至五十歲。均在停止期中。五十歲後量復漸減。但有早慧之神童。有老當益壯之豪士。各人間不免有多少之差而已。布羅嘉氏。且謂國人腦量。與其國之文野爲正比例。取巴黎數世紀間人之頭蓋。而加以研究。因文化之推移進步。腦量較前爲增云。衛西密氏。測定古代埃及人之頭骨腦量。且較今人爲多云。又鄉村人之腦。較都會人爲輕。東洋人腦重量平均爲千三百九十二·五格蘭。又據田口醫學博士統計。

東洋人	三百六十二錢〇五
歐洲人	三百六十八錢九九八
南洋人	三百五十錢七三五
南美土人	三百四十九錢二八五
南非土人	三百四十五錢二三一
澳洲土人	三百二十四錢一三八

歐人中。以德人之腦爲最重。平均千四百二十四格蘭。女子平均千二

百七十三格蘭。茲就歐洲偉人之腦。而記其重量如下。

達維爾	解剖學者	一八六一（格蘭）
擺倫	詩人	一八〇七（格蘭）
釜利希倫	數學者	一五二〇（格蘭）
富古斯	醫學者	一四九九（格蘭）
考斯	數學者	一四九二（格蘭）
大俾得蘭	外科名醫	一四三七（格蘭）
哈而孟	博言學者	一三五八（格蘭）
包思文	礦物學者	一二二六（格蘭）
西呂來爾	詩人	一五八〇（格蘭）
譚德	詩人	一四二〇（格蘭）
康德	哲學家	一六〇〇（格蘭）

哈爾孟	國民經濟學者	一五九〇(格蘭)
布賀夫	醫家	一四八八(格蘭)
瓢布	醫家	一四五一(格蘭)
美爾凸爾	詩人	一四一五(格蘭)
富貝爾	哲學者	一四〇九(格蘭)
法爾美喇	歷史家	一三四九(格蘭)
李璧西	化學者	一三五二(格蘭)
譚德文	生理學者	一二五四(格蘭)
哈雷	生理學者	一二三八(格蘭)
譚林背	生理學者	一二〇七(格蘭)

夫重腦較輕腦爲富於精神的官能。世人所同認也。第須留意者。腦之構造從六部分組成。故僅測全腦之重量。即比較其精神發達之如何。

殊屬不完全方法。須知腦既分為各部。有此部發育甚佳。而他部則否者。故欲從重量上。以定精神官能之程度。必就各部而衡之。或就精神官能主宰之大腦皮質而衡之。乃為最適之法。不僅就其重量已也。若細胞。若纖微鏡的構造。以及化學成分。亦必各有其發達卓越之處。若能一一加以解剖。此等偉人頭腦。必有珍奇之處發見。所惜者今尚不足以語此也。

據上述所說。目今醫界概以腦之輕重區別賢愚。而生理解剖學者。亦認人之頭腦大小。關係人之才能。所惜者。對於腦皮質之一局部。及諸才智之關係。尚未能發揮眞理。僅研究及於各種神經。如感覺神經運動神經情意神經等是也。若夫神經纖維之細胞。及從細胞傳達腦皮質各部之狀態等。研究未成。仍有望洋之嘆。乃者不知咎其研究之未精。概鹵莽滅裂。排斥他學。是則入主出奴之說也。烏乎可。

第四章　精神作用係腦之全部爲之乎抑分部而爲之乎

腦爲精神之府。諸學者間已有定論矣。第其知覺考慮。卽心理作用。究屬於全腦乎。抑分部而各異其作用乎。在心理學者。則以腦之活動原理。以生理學之神經作用爲基礎。而考究其發動之情形而已。若夫屬於何部職司之發動。乃生理學範圍。心理學不與知可也。生理學者。則從解剖上發明細胞與纖維。而名之曰神經細胞。神經纖維。凡於中樞上。發見[illegible]者職分之不同。更分爲腦髓。脊髓。神經節。腦髓分爲大腦小腦。脊髓又分爲腦橋。延髓。神經。腦神經十二對。脊髓神經三十一對。且研究其作用焉。第所推論。僅及於物質。(卽肉眼的顯微鏡的)而不得謂考究及於精神。斯則形而上之學問。終非生理學者所與知也明矣。至於心理學者之言。乃以意識作用。屬諸大腦命令。若一家之主人。對其家人命令之裁判之云。斯則謂精神作用。屬諸全腦也。而最近病理學之言。恰與之成矛盾。其言曰。設有精神病者於此。其大腦甲部受傷。不能爲甲種職務。然乙部無恙。則乙種職務無害。卽如目神經有病。時見鬼怪。然使大腦仍有主宰之能力。縱目神經歸於眩惑。必能下正確判斷。而悟其非。今也不然。驚駭叫囂。無所不至。殆大腦全部均失其作用已。骨相學者曰。不然。他之機能仍完好也。於何證之。夫見妖怪而駭走。或以刀自衞。見火起而滅之以水。在無病者見之。無所謂怪也。無所謂火也。故無駭走撲火之必要。第在視神經眩惑者自身。其所爲者。適合乎正。苟見怪而不走。見火起而不撲火。乃反乎情理之常耳。蓋大腦各部。各有所司。一部有損。決非全失其機能。至於各部所司。各異其器。各有其作用。不難攷究而得之。著者不敏。更爲證明數則如下。

(一)身有五官五臟。以胃司食。以肺司呼吸。以眼司視。以鼻司嗅。以舌司味。以耳司聽。以及神經之纖維細胞，各守其職，勿相紊也。乃以大腦小腦之一器。而兼司各職。必無是理。若此後生理學進步。能發見神經纖維之所傳達。至中樞細胞何部爲止之時。必與骨相學所述。如合符節。

（二）精神作用。設爲全腦之時。各才智必二者同時並起。然吾人須知各才智不止二端。必諸端均起而爲作用。如演說之時。以目觀。以耳聽。且須思攷安排。而發爲聲音。斯非以上諸機關同時而爲活動也。第其間只爭一瞬之差而已。

（三）欲證腦之才智各別。各人均異其才能是也。如甲好算學。乙好繪畫。內好法律。學者每稱爲先天。先天之性。不能以後天枉之。第人均有常識。可以教育造其端。而枉尋見尺。究非所宜。不如順其先天之爲得也。使腦之活動。爲總括之時。必其各種才智能得平均。無此輕彼重之嫌。今也不然。各人所有才智。既各有其專長。亦各有所不能。非才智分居各部之證耶。

(四)腦不僅爲裁判五官所導作用而已更能單獨遊戲。證之睡眠中之夢。有自動被動之分。自動之夢。各腦分部活動。無相雜揉。但其順序甚不規則。故感其混淆耳此亦才智各別分部之證也。非然者。當人醒覺時。各部傳導神經。均有順序。能應之而爲判斷。一絲不紊。及入夢境後。腦爲自動。意想紛呈。一轉瞬即不能記憶。是蓋才智分別活動。順序遂以混亂。愈足證其非全腦矣。

(五)病理學者之說。腦局部受創者。其精神反常之事。亦僅限於受創之局部。他部仍能保其健全無恙也。生理學者之說。如鳥類設去其大腦之時。此鳥失精神作用。去其小腦之時。此鳥失反射作用。準此實驗。苟取頭腦大而發達之動物。除其大腦中之某部。則精神作用中之何種才智。卽歸消失。其餘才智。依然完好。夫如此而論據始可完全。惜以今日之生理學程度不足以語此也。當以俟諸他日。

(六)腦而爲一。則日常之感覺互爲鬭爭互爲抗拒。而不能保其均平矣。有人於此。爭鬭才智頗形發達。遇細故輒大怒。命其手足而欲傷人。更有制止之者。世以良心稱之。骨相學則名之曰公明才智。

(七)今日醫界以腦病之名稱。包括腦之全部。其治療方法。亦囫圇而爲之。此大謬也。蓋腦病之諸職司中。多亦不過二一部分患病而已。世之患腦病者。非想像力有所欠缺。而每屬之推理才智也。於此時也。想像力雖甚豐富。而無推理之力。故此局部卽呈異狀。其餘若道德才智。名譽才智。均依然完好。據著者之自驗。有時窮日役之力從事著述。驟覺後頭部繼續才智部。非常苦痛。或長時間研究思索。則論理才智部分覺其不適。然捨思致而從事他件。則仍如平時矣。

學校之課授生徒。不使長時間專一科目。必使轉換他科。成績上乃能得好果者。職是故也。蓋不僅役使一種才智。而使各才智爲平等之勞動。腦病專家之醫士。從骨相學之言。可確知病原伏在之處。而施以局部診察治療。其亦庶乎其可矣。

綜各條而論之。腦中各部。分別存在。有一部分活動之時。有數部分連絡而爲活動之時。決非勿論何時。全腦合一而爲動作也。

第五章　頭腦大小形狀及其肉質均關係其人之才智

頭腦之大小。每與其才智有關係。徵諸實際、恆相符合。世既有定論矣。

但斯論旨太泛。僅以大腦者。賢士偉人也。小腦者愚夫愚婦也。而不問其頭蓋之形狀如何。部分奚若。遽下論定。輒不免誤相之弊。茲據骨相學者實驗之談。卽具有大腦者。因其形狀之各殊。而腦之發達方面亦異。茲有二人於此。均具甚大之腦蓋。其一

第一圖

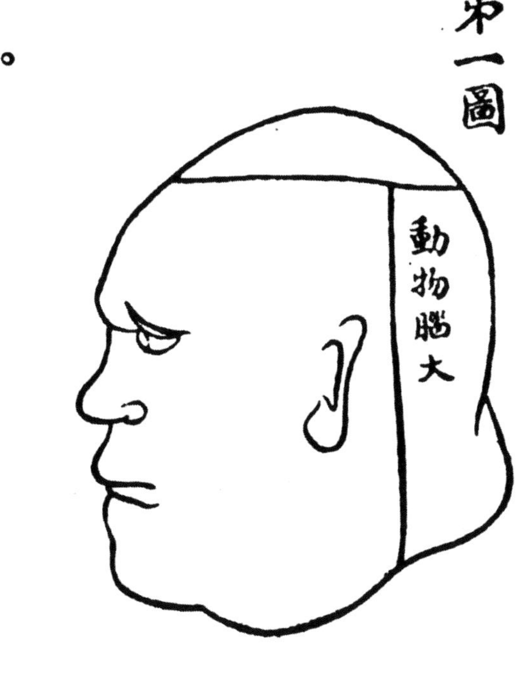

乃窮兇極惡之殺人犯哈來氏也。(第一圖)其第二則爲才德具備之教師美蘭松氏也。(第二圖)解剖之餘。二人所含腦量不相軒輊。而徵諸二人生前性質。則判若天淵。蓋其形狀各殊。腦量發達之部分爲不同故耳。昔人有言人心之不同如其面。意謂人之才能心術。各不相同。

第二圖

亦如其面之異也。今倣其言曰。人心之不同如其頭蓋之形狀。是則骨相學者。以歸納的方法。發見諸種才智。均蘊蓄於頭蓋之各部。而腦蓋形狀亦因之而各異矣。

由是觀之。骨相學者與生理學者。均以腦之大小。爲賢愚標準。斯則立論根據雖同。而枝葉則異。二者之間。每有不能相容之勢。其故何歟。蓋二者之間。研究不足之所致也。實則骨相學之結果。既從歸納上而得商。若算數之除式。而生理學乃若舊式珠算。二一天作而得商。其得之商雖同。而不知其理由之所自。乃以骨相學之理由爲不足取。夫骨相學所得之商既正確矣。生理學以進步發明之延緩。無證明此理由之能力。而乃排斥骨相學者之理由。未免過爲冒昧。以余觀之。惟有相互間愈加研究。必有實理匯通之日。今倘非其時耳。

世人不察。且有盲從生理學之言。以排斥骨相學者。斯猶以物理之定則。而排斥哲學也。烏可哉。實則物理學之進步。決非與哲學有所扞格也。夫哲學爲形而上之學。物理學者乃以形而下之眼光。窺測之。愚之比者也。第哲學者亦不必陋物理學。物理學者亦不得視哲學者爲無稽之言。二者之間。研究愈精。將來必有溝通之日也。

總之。骨相學者。以頭骨之形狀生理上之腦髓爲基礎而判世人之賢愚。更進一層。而以腦之各部。蘊藏各種才智。條分而縷析之。各不相紊。斯則骨相學之根本觀念也。故論骨相分論編中細述各部才智之發明理由及其斷案。仍俟後之生理學者解剖學者。加以演繹的研究。而斯學乃能放大光明。庶惠後之來者。骨相及腦髓之關係。從生理上不難得其斷案也。下章故推論及之。

第六章　骨相與腦髓之關係

夫人之智能基於腦髓。故腦髓主也。而保護貯藏此腦髓者爲頭蓋骨。故腦之大者。頭蓋恆大。世有一知半解之骨相學者。不問腦之大小。但以頭蓋測量才智。甚至有爲廓大其頭蓋。腦髓自能充滿於廓大之空隙中。每以人爲方法。變化頭蓋。腦髓從之。斯才智亦生變化。此誤解之甚。主從顚倒之說也。烏可信哉。世俗往往赤子之生。每欲以枕類變兒頭之形狀。向上臥者將來可成後平頭。橫臥者將來可成後尖頭。迷信至此。無稽甚矣。著者據從來實驗。相嬰兒者多矣。茲述二三之例如下。

著者產一女兒。而同里某氏。則產一男子。著者就此二兒驗得此女兒之相。嗜好部發育甚劣。成人發育後當缺乏女性質格。更就其男兒驗之。嗜好部發育逾恆。成人後當爲女性之男子。後此二兒漸長。容貌行爲。不能認其何者爲男。何者爲女。若斯者。非施以特殊教育。變化其性質。成人之後有不堪杞憂者矣。此外實驗之例甚多。預言無不中者。
夫動物之頭蓋形狀。均根據先天之遺傳及自然淘汰。决非後天所能變化者也。自動物以迄人類。莫不皆然。人有賢不肖之差。更有早慧晚成之別。均關係於內容發育之時期。故骨相學者。非僅觀骨相而已。乃攷察腦髓分量。及其發育之方向者也。在醫學解剖學者。於人之死後解剖其腦髓。始得就其分量之輕重。以判其賢愚。骨相學者。乃就生人而測其腦髓。以定其人之才智者也。

第七章　骨相學與他學科之關係

骨相學關係人生。故其與學科關係。亦汎及於人生萬般。可區爲二類。一爲受動關係。一爲致動關係。受動云者。指骨相學所受利益於諸方面之學科者也。致動云者。骨相學與各學科以利益是也。第在一學科中。有包括受動致動兩方面者。故判分每難明晰。斯在讀者之領悟而已。

受動關係之諸學：動物學、生理學、心理學、病理學、體質相貌學

致動關係之諸學：美術學、教育學、人類學、社會學、法律學、臆斷術

第一節　骨相學與動物學之關係

人類自居爲萬物之靈。腦部之組織。優於他動物。且蘊蓄高等之才智。故其前頭部及他諸部之發育亦較大。蓋人類亦非全知全能。其去動

物也。不過一間而已。試檢各動物之腦。其機能與人類同受支配於共通原理之下。故骨相學之基礎。對於動物學爲居受動地位。蓋卽最下等之軟體動物節肢動物。魚類爬蟲以及鳥獸。以至最高等之人類。莫不具有皮膚、運動器神經系感觸器、消化系循環系、呼吸器排泄器、生殖器。且取此等動物中之諸器以與人類相較。其視官聽官嗅官。每有較人類爲優者。而人究以何能乃高出萬類。靈長羣倫也耶。此則動物學中所證明也。

動物學中謂動物之中央神經系。通常位於腦蓋骨中及脊椎骨之背部。腦包於頭蓋骨中。分爲五部。曰前腦。曰間腦。曰中腦。中腦有二。曰延髓是也。位於延髓後者曰脊髓。走入脊髓骨中。腦之五室。在最下等動物如圓口類。位於一直線上。各室大小均相等。至高等動物。則前腦漸次發達。稱曰大腦。間中二腦反形縮小。如第三圖。

第三圖

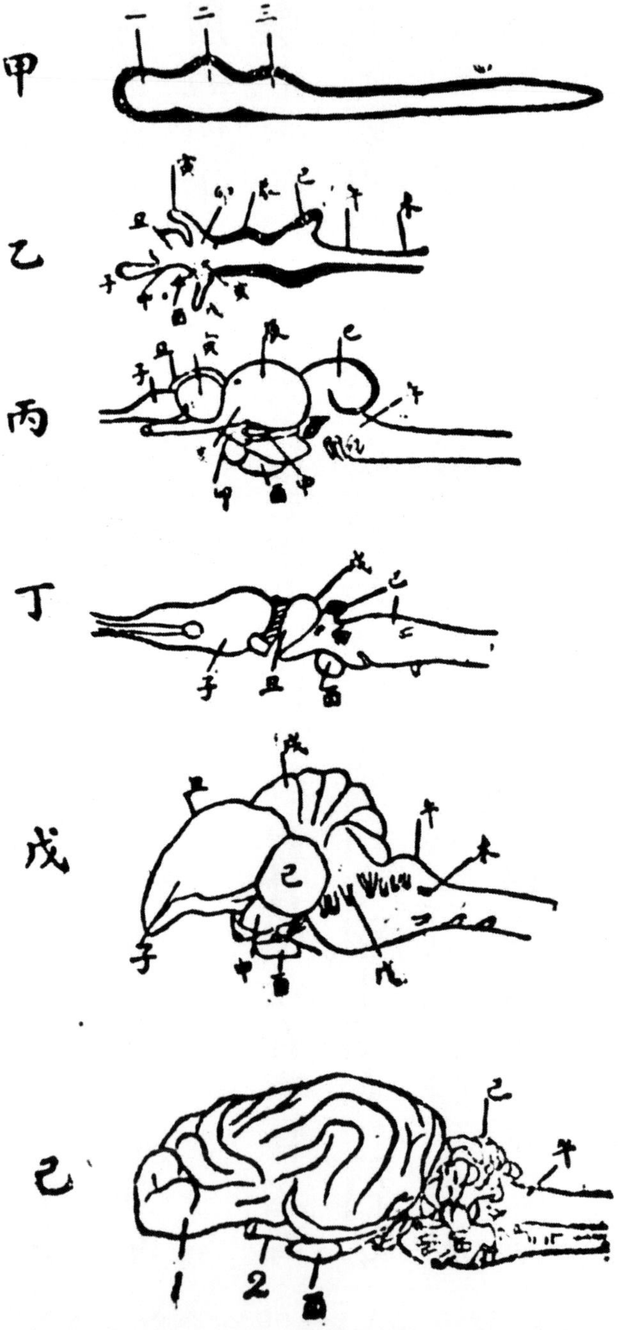

(甲)脊椎動物中央神經系原始之系 (乙)肧兒之腦縱斷面 (以上兩圖皆示其模型)
(丙)魚腦(自然大) (丁)蛙腦(少廓大) (戊)鳩腦(自然大) (己)犬腦(縮小) (一)(二)(三)初腦囊 (子)嗅神經葉 (丑)前腦 (寅)松子腺 (卯)間腦 (辰)中腦
(巳)小腦 (午)延髓 (未)脊髓 (申酉)視神經床 (戌)視神經 (亥)粘液體

準上述理由而觀之。骨相原理非僅通用於人類。兼可推及其他動物而判斷之。且其形狀恰合於上述之學說。蓋鑑定骨格先由前額角度之大小。推究賢愚。如第四圖以迄第七圖。從下等起漸次及於高等。前額角度漸成直角人類動物莫不皆然。是則骨相原則非獨範圍人類。卽下等動物亦可據以推知其才智矣。

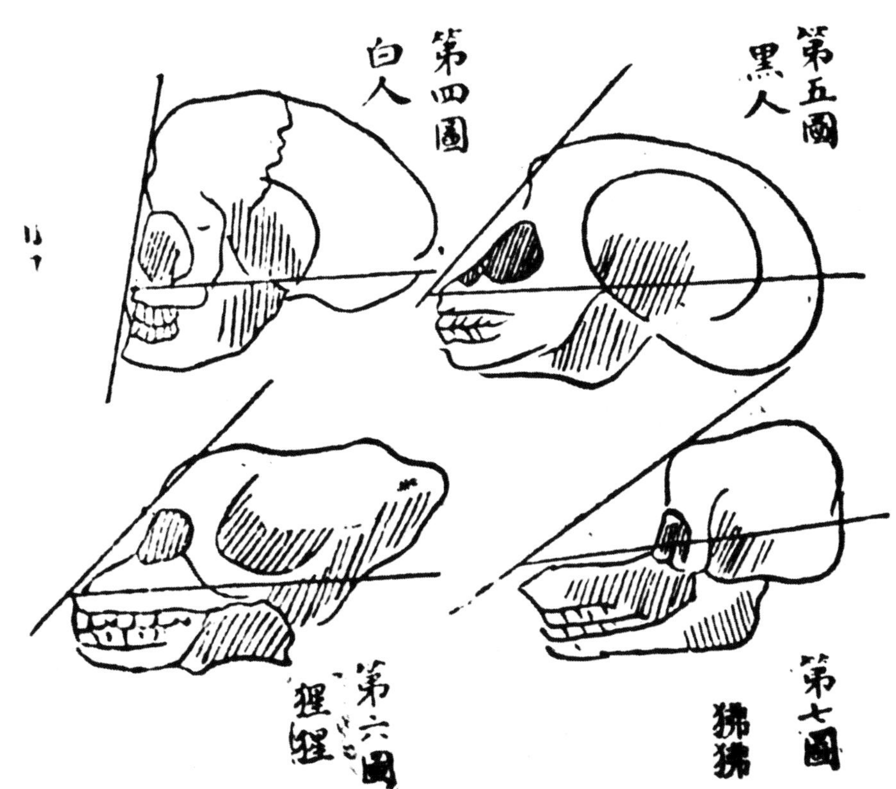

第四圖　白人

第五圖　黑人

第六圖　猩猩

第七圖　狒狒

夫下等動物與人類之差。在大腦部之大小而已。大腦之發育充分者。道德才智具備者也。大腦缺損。前後兩側發育者。猴類之觀察才智。虎狼之破壞才智。狐狸之祕密才智。海狸之製造才智。世人所知也。人類具此而缺乏道德才智者。下等之骨相耳。

故動物學上學說。每與骨相學以證明之基礎。受動關係較諸學中尤爲密切云。

第二節　骨相學與生理學之關係

據生理學說明。腦髓云者。充滿於神經中樞之頭蓋腔中。走神經系之後。繼分爲兩半球。分居左右。後部又橫分爲大小二部。大腦小腦是也。大腦最大。表面有許多隆起。爲深皺襞。小腦居大腦之後。表面有許多隆起。爲淺皺襞。第三腦部居大腦小腦及脊髓之中間而連結之。曰中腦。與脊髓連結之部分。曰延髓。腦髓爲灰白質。其在外部所包者。曰灰白皮。其存於內部而處處為塊者。曰中心灰白質。以纖維連結灰白質之神經細胞。蔓延身體諸部。與各神經連結。此外有腦神經絲十二對。通過頭蓋底之孔隙。分布頭部及胸腹腔內諸臟。第一對曰嗅神經。司

第八圖

腦之內部

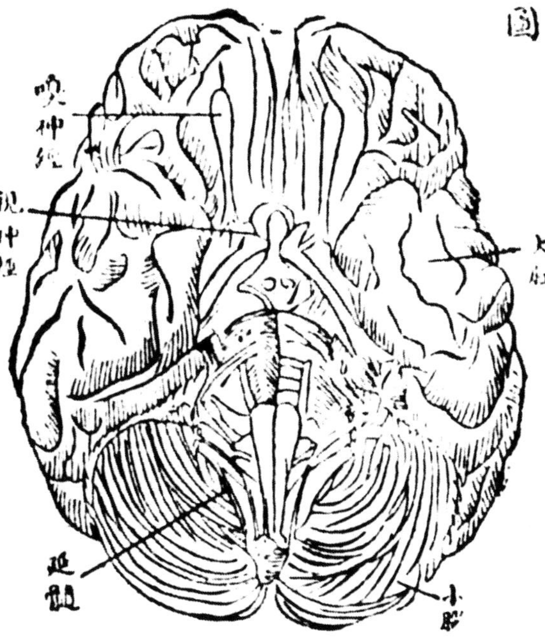

嗅神經
視神經
大腦
延髓
小腦

嗅覺。第二對曰視神經。通二眼球。司視覺。第三第四第六之各神經。分布於眼窠內諸筋。司眼球之運動。第五對曰三叉神經。分為三支。其第一支分布於顏面上部眼鼻各處。第二支分布於顏面中部。及上顎之齒牙。第三支分布於舌之黏膜。司味覺。更有咀嚼筋分布而司咀嚼運動。且分布於下顎

之齒牙。第七對曰顏面神經。分布於顏面。第八對曰聽神經。分布於耳而司聽覺。第九對曰舌及咽頭神經。分布於舌及咽頭。第十對曰迷走神經。分布於喉頭肺臟心臟及胃。第十一對及十二對神經。分布於頭部及舌筋。若夫延髓及脊髓之機能組織。有如下述。其白質由縱行神經纖維組成。而其灰白質之神經細胞與腦之灰白質神經細胞。互相連結。其脊髓神經之纖維。亦與腦灰白質之神經細胞相結。其機能在傳達交互間之刺激。因此之故。腦所發布之意識命令。不僅傳布腦神經領域。能周布及於脊髓神經分布之區。而脊髓神經領域中所起之現象。卽時達於意識焉。更說明大小腦之機能。夫大腦爲精神所居。觀念感觸意思等之作用。均起於灰白質細胞而生一種變化。小腦者。調整隨意筋動作之一大中樞也。試取鴿一隻。削去其大腦半球。尚能統治諸筋。爲諸種運動。而精神作用全失矣。設使之直立而放置之。彼至死不動。置食物於前亦不知食。逐之亦不知飛。又給食物於其口中。彼亦能嚥下。曳其尾則往前而行。投於空中。彼亦能飛。一遇牆壁即墜下云。又取鴿一隻。削去其小腦。能立能行。能思能感。但不能調整筋之動作。故其運動皆無規則云。生理學之學說如此。而骨相學上之結果亦相差不遠。蓋骨相學區別頭骨之才智爲兩半面每面均有才智二部。更區別其頭骨爲前葉中葉後葉。前葉統治感覺才智。中葉有思慮性才智。後葉司愛情才智。前後二葉凡屬動物均有之。惟中葉則僅人類有之耳。此則人爲萬物之靈者也。容後章詳述之。

由是觀之。生理學上之學說。與骨相學之所信。均屬同一基礎。然微有不同者在生理學上並未說大腦及其皮質之分部作用。而骨相學則區別爲若干部之才智而已。在生理學未經實驗之前。其不知此中玄祕。固不足責。惟希他日進步。以爲互相引證之資。在骨相學雖以歸納的實驗證明爲旨。而仍不能從解剖生理互爲發明。此學問未進步之所致也。然余確信將來斯學必能與生理解剖諸學同歸一致。而奏偉功於社會焉。

第三節　骨相學與心理學之關係

茲所謂心理學者。概括而言之也。若夫特別專門之兒童心理、病理心理、動物心理、社會心理、人種心理、犯罪心理諸學。均各具範圍。精深浩瀚。此編所述。僅記二者間之關係。而與心理學互相引證而已。故僅述其大概。欲知其詳。則仍須以心理學專門書籍爲參攷云。

心理學爲晚近發達之科學。而仍基於生理解剖。第生理解剖以物質的證明作用。而心理學則以生理學所得之證明說腦髓功用。且以歸納的實驗人類性質。而以演繹的方法說明者也。第所說每有超越生理範圍之外者。蓋心理學爲形而上之學科。研究心理作用者也。惟在今日。斯學仍病膚淺。終不能將人類腦質之神祕。發揮盡致。闡明無遺也。

心理學之言曰。人之心意。區別爲智、情、意、三項。若受外界刺激。或有所聞見。或有所苦樂。或有所欲望。或有所動作。均不出智、情、意、三項作用之外。然經細密研究。心之動也。亦不能脫此三項範圍。蓋其作用雖分智情意之三。並非有特種才智區分而別爲動作。僅由一種精神作用異其方面而發現耳。準此前提。恰如三角形之有三邊。然智動時而情亦動。情動時而意亦動。如情角而有智意之邊。意角而有情智之邊。互相糾紛。非獨立而爲作用者。斯則心理學之眼目也。

按此即爲心理學與骨相學衝突之根基。請讀者注意及之。

其敍述心之發達曰。吾人之精神作用。迄一定發達之度。變化而爲進步者。若同一智也。幼年與壯年較。其度常相懸隔。因此分智情意之動。

更區別爲三階級。覺性。悟性。理性是也。覺性云者。以五官智識。對所遇事物。而表智情意之作用。不關係於他事物。悟性云者。次於覺性而發達者。由此事物而及其他事物。以表智情意之作用之謂也。學問智慧。實行方法。決心。均出悟性作用。理性云者。非若悟性。僅及事物關係。由此及彼。乃由一己沈思默攷。定最美善之標準。而表其智情意之作用者也。故在悟性之淺近者。獸類亦有之。惟理性則非精神學問均高尙之人類不能有也。

據以上學說而比較骨相學時。若分智情意三項。而綜合之。更區爲三級。曰覺性悟性理性。凡此者均骨相學所認可者也。然心理學者。不知智情意種種才智。均各異其所在。而統治理性悟性覺性之種種才能。亦割據腦之各部。此則心理骨相分歧之點。而認心理學尙屬幼稚之根據也。今從骨相學方面立論。評二學之異同。以待識者判定。

骨相學說之根據。在各具能力之才智。現而爲智情意。其覺性悟性理性之各種作用。亦各有其發動機關。示不可分之性質。乃心理學上誤認爲一機關。猶之國中有省道府縣各整理其事務者。乃以爲僅一大總統處理萬機。若骨相學上則各司其職。其才智中之攷慮才智。譬之中央政府。其他才智。譬諸省道府縣之官吏。常受中央政府之統治歸一。以整然行其職務。此惟人類。乃有此攷慮才智。所以高出萬物也。今以骨相學與心理學較。感受才智者。覺性也。智識性才智者。理性也。攷慮性才智者。悟性也。若言其作用。如吾人目視之事物。報與中樞體所觸者。訴之感覺。猶屬吏之申告長官也。從心意命令而動手運足。猶中央之命令行全國也。第命令之遞行。申告之上達。不能無須臾間隔。若感覺之訴諸理性及悟性也。夫礮之發聲。耳先聞之。通諸覺性。覺性更訴諸理性。辯爲何種音響。理性更訴諸悟性。推察礮聲何故而起。推移之間。必有次序先後。決非同時而三者並作也。試觀兒童之倒於階旁而哭也。彼必先感痛苦。次起恐怖心。再次則呼慈母而啼。斯則覺性悟性理性三者之順序也。決非因苦痛而爲哭泣。若父母慰以好言。喚其悟性。哭泣可立時而止。斯則三才智歷然爲三作用之證也。

心理學者論識之作用曰。識有三段。曰有識。曰無識。曰半識。有識云者醒時活動之謂也。無識云者睡眠中之謂也。半識云者二者之間也。在有識之時。加以非常注意。則記臆是也。養成此記臆之慣習。人間智識。漸爲進步。故心理之應用。貴夫注意。

夫注意之爲要也。心理學解釋爲一般的質言之。教育方法在注意。注意須平等。平等注意能養成平等之學力。然骨相上之觀察所及與之殊異。其言曰。注意者手段也。有才智司之。則其効顯。無才智者。不見有注意之効也。設有繪畫之才智者。與以繪畫注意。愈足顯其才智。無此絕對的才智者。縱加以注意。亦屬無效也。第在人類。一種知能全歸缺損者甚稀。故教育家須加之意焉。蓋無注意之教育。不能發揮其天才。亦猶良璞不加彫琢。不能成圭璧也。第費同一之勞力而為彫琢。常有不能成同一價值之圭璧者。則璞之優劣在焉。人間亦何獨不然。其才智之度。有逕庭故也。準此以觀。教育的心理學家所謂注意常不可不平等。一方注意。則一方減殺之說。不免誤謬。蓋心理學家不知觀察先天骨相。應其固有才智之度。施不平等之注意。轉能事半功倍。所獲較多。如有二兒。一富於數學才智。一富於音曲天才。如施以平等教育。與以反對之注意。僅使二人得同等之學力。不能發揮其天才。必須各從其天性。施以不同等之注意。方能造就為專門家也。

研究教育學者。心理學固不可不知。若再能知骨相學以供參攷。可製作兒童骨相鑑定表。自幼稚園以迄大學。交相連絡。施以養成特徵才智之法。至入大學後。修專門學術時。學生能自擇捷徑以從事職業。畢生之幸福。當於此基之矣。

第四節 骨相學與病理學

玆所謂病理學者。其範圍甚狹。僅限於精神病理。卽患瘋癲癡呆。及種種精神病者是也。

近來病理學說。均認瘋癲癡呆爲先天疾病。由腦體缺乏而成疾病。其發狂之精神病者。指爲腦質異常之徵。生理之結果也。

患瘋癲者。由其腦質異常而成。雖不能從外形以下判定。至於癡呆則在骨相上明示缺損。第骨相人人殊形。而癡呆者之性行。亦各不同。設如缺乏愛財心。妄以財物與人以爲樂者有之。又有愛財心極盛。雖爲富豪之子。毫不受缺乏之物質之苦。而乃見人財物。輒思竊取者有之。或僅記憶才智有特徵者有之。或全無記憶力。並己之姓名亦均忘却者有之。或僅存音曲天才。或僅有製作才智。種種不同。據著者實驗。此輩骨相上所具某種特徵。亦不弱於常人。第因與此才智相待之必須才智缺損之故。遂不爲其用耳。苟能以骨相之鑑定。養成其特徵才智。使之從事一定職業。更加以監督。未始非社會之利也。

著者曾就病理學大家。得聞精神病理之說矣。精神病種類狀態。雖千殊萬別。可大別爲四種。蓋由四種機關所發之病也。如起幻覺而發狂者。視官之疾病也。指天畫地。自問自答者。聽官之疾病也。若突然瘖啞。亦屬一種精神病。說話才智缺損之徵也。彼不能以字母爲筆談。而能任意書單字。尤可異者。巧於象形文字。窺其所書。竟有世人所不知。彼亦未曾習者。殆屬咽喉之精神病。此病每覺舌感異常。常好以土塊蟲類爲食。此外若鼻之精神病。每屬於淫慾狂。鼻官之與淫慾有關。病理學者尚不解其故。然一觀花柳病者常塌却鼻根。則知二者之關係。必非無故矣。

上述四種之外。他部發狂者甚鮮。時或有二官同病者。據生理學之所說。此四官之精神病。因其神經纖維之生理變化。非大腦部分之疾病也。故視官病則起幻覺而發狂。聽覺異常則起妄覺而自爲問答。二者在彼本身。且以爲正當行動也。

此說固屬正當。然亦非無謬誤。與骨相相牴觸者。著者據實驗所得。以駁由四官神經而來之誤焉。著者先年曾患熱病。感種種妄視妄聽。迄今記憶仍如事實者。幸未發狂耳。但據當時視聽所得。以語家人。家人解說之後。乃知爲妄耳。西洋心理學書。此種例證甚多。日本井上博士所著妖怪學。亦屬解釋此事。可知大腦無病。僅因四官神經作用以致生理變化之說。決非眞理也。必大腦部有二才智以上起病。乃成狂者。而彼所謂其餘諸才智仍無異狀。則信然矣。蓋雖狂者。亦能說眞理之事也。即如上述。癡呆基於才智之缺乏。發狂之人。基於才智之過度。如妄施金錢者。他之諸才智非不完善。惟缺損蓄財才智耳。發狂者亦然。時或因戀慕機能之疾病成淫慾狂。或因想像驚愕才智之疾病。與視神經異狀俱發。而爲視官狂。矯正之法。白癡則可養成其特徵使之發育。發狂者可由骨相上之鑑定部分。施皮下注射之新治療法。斯可矣。

第五節　骨相與體質相貌

上述諸種。在骨相上爲受動的關係。至於骨相學上之實體法。人之體格與其頭骨有至大之關係。故欲以骨相判定人之性質。須綜合觀察人身體格體質。相貌動作。以及其變化。非然者僅憑骨相而下判斷。輒不免於誤謬。如骨相以頭骨大者爲賢。腦漿多者頭骨必大。信若是。指力士之頭顱。必以爲賢於衆人也遠矣。有此理乎。或持牛之頭骨以爲賢於人類。亦不通之論也。蓋勿論人類以迄動物。頭骨身體。常須保持平衡。其不能保持平衡者。生理上之不具者也。斯則觀骨相者。須參觀體格與頭骨之平衡。而定賢愚之標準者已。

夫人之身體。每對於骨相發育之方向而爲動作。遂成習慣的容貌。而表示其本質。故須與骨相兩相比較。以判定其性質。

又有行相云者。如人相手相等。雖不足置信者甚多。然亦往往有與骨相暗合者。

上述諸種關係。均以骨相爲原則。或屬例外。或足以補骨相之不足。均有受動關係。宜注意焉。

第一款　骨相與稟性

古昔骨相家之推測。以爲假使各人骨相分量相同。而其腦髓肉質仍不相同。第爲此區別之標準則杳焉無聞。永爲斯界疑問。鐵馬斯博士始創區別之說。爾來世人均宗之。蓋爲益於醫界至溥也。

其說曰。人身有四質。神經質。多血質。黏液質。膽液質是也。由此四種性質混合而生之性質。亦有四種。快活質。神性質。強筋質。均分質是也。

第一　神經質

眼瞳	常射四方	顏面	蒼白
眉毛	多而淡	筋肉	弱
齒牙	整齊	頭髮鬚髯	多而軟
脣	紅	音聲	優美
身體	好修飾	人中	深
精神	知覺甚敏　奸佞　詭辯		

第二　多血質

顏面	大而頭蓋亦大	運動	活潑
身體	白長肥大	音聲	洪大

面色　紅白光潤　精神　淡泊　接人寬宏

筋肉　強健　膽力　強健

毛髮　強大粗鬆　感情　深厚

血液　多

第三　黏液質（亦稱瘰癧質孱弱質淋巴質）

外形　下部膨漲而肥　身體　弱

動作　癡鈍　皮膚　灰白色

眉　淡　毛髮　軟而向下

眼光　鈍常俯視　齒牙　亂生

辯舌　拙　音聲　濁

精神　小膽狹量　容貌　如愁如眠

第四　膽液質

皮膚　黑　髮　濃
眉毛　黑　鼻　尖
容貌　愁苦　音聲　濁
眼　無光　骨格　大
身體　長大　筋肉　強韌
精神　喜怒哀樂之情甚爲急劇且有執拗之性

第五　快活質

吾人總括人身心肝肺腸胃。及其他保持生活內部之諸機關。總稱之曰生活機。其人性快活與否。均原因此生活機之強弱。夫生活機關之配置人體以營生活也。譬諸蒸汽機關。藉煤火動力以資活動。設煤之供給缺乏。或機關損壞。則運轉亦從而休止焉。亦猶夫人體生活機關不甚強健。其精神卽不能活潑。理之當然者也。

今試舉快活性質者之外形內質如下。

肉肥厚。肩圓背廣。顏色光潤。毛髮粗硬而有光澤。齒牙整齊。鼻孔粗大。肝臟亦大。熱心事物。感動甚易。志望實業。智能活動。傾向物質。臨事熱心。易得成功。此類與多血質相似。而稍雜以他之性質。且有因其骨相之如何。而性狀亦不同焉。故須各從其人而觀察之。

第六　神性質（關係的神經質）

此項所述。非前之單純神經質。乃含有諸種稟性。可區爲單純神經質。黏液神經質。膽液神經質。茲所述之單純神經質。身體筋骨細小而舉動則甚敏速。黏液膽液之神經質。骨相概成突起。齒牙尖突。此類之人心力較強。喜怒哀樂之情亦銳。動輒感激事物。好惡之心甚切。視察思慮理解諸能力。均甚銳敏。處事亦極迅速。好爲勞心之事。靜夜擁書燈下。或面壁耽思。爲生平樂境焉。此類與多血質恰成反對性質也。

第七　強筋質

運動爲人身之要務。血液循環。呼吸作用。無不關於運動。人若停止運動。縱多食滋養物。亦不能保持其健康。然人之爲運動也。須藉筋骨作用。以筋接骨。人體之筋。殆數百支。互相連絡。以結合人之體格。故筋之發育。足以變人性質。非無故也。

此類之人。其外形肉瘦身長。鼻大。顴骨隆起。門齒大而闊。身體諸骨均突起。音聲濁而低。血管外現於皮膚。容貌頗形剛壯。腕力甚強。好勞動。鬚髮黑而粗鬆。皮膚黑色。步行緩而莊重。此類者之頭腦。每具爭鬬剛強破壞諸機能。

第八　均分質

體力及心力失平均者。每有害於智能之發達。或損及體力之成育。二者能均平者殆鮮。此則記述二者均能得平均之性質者也。若美國之華盛頓。即其人也。故均分質爲最良體質。人人當自顧其稟性。去長補不足。以維持心體二者之平均。求內外之整和。教育者當加之意也。

此類之人性質感情甚烈。然發於外者却能保其中庸。決不因感情而害理解。且學行兼務。才德並全。仁義智勇。令行衆服。具此者千萬中之一人。苟能培植得宜。實濟世利器也。

第二款 天然言語(音聲)動作容貌與骨相

人之面貌以及音聲動作。均大與骨相有關。俳優模擬古人姿勢動作聲音。每足想見古人儀容者。蓋以其人才智與容貌言語音聲及動作有關係也。故西人俳優。每研究骨相學。以供其技術上之參考焉。高爾博士之腦生理。斯貝勒哈歐爾博士之面貌論。芳賀八彌之容貌論。以及中國舊傳相人術。均屬此類。今試述其關係如下。

第一項 動作與骨相

斯貝勒哈歐爾博士曰。天性之運動。必向其骨相臟器之方位而發動。如自負者。昂頭天外。白眼望天。剛強者頭頸強直。謹慎者俯視腳下。疑慮者頭傾左右。此均從骨相而起之動作也。嗜殺者面貌暗黑而嚴肅。好名譽者莞爾含笑。此外尚有以貌分五色。而區別性質者。茲從略焉。

第二項　性質與音聲

某骨相書曰。狂瀾怒濤之吼。猛獸摯禽之鳴。兒女之音聲優婉。均適合其性質。虎嘯風之可怖。鸝囀柳之怡情。皆足以表示其性情。故人性亦可因其談話之音聲而知之。猛獸之音聲必猛。智識進步之人。自與野人異。故蠻人之音恆多喉音。語言每欠分明也。若音聲銳者感情亦銳。溫和者性亦溫和。喜怒哀樂各因其音聲之異。足以證明表示其感情云。

第三項　性質與行相

坐體

與人對坐。穩如泰山者。有度量者也。

身體手足亂行震動者。無決斷者也。

坐而手不停動作者。賤相也。

坐而狹膝者。小量也。

膝頭開闊者。傲毅而有膽力者也。

拱手者多思。

指頭交叉者心平。

頭部

垂頭於前者。有憂思也。

頭傾向左右者。曲也。

頭剛直而不動者。剛也。

頭微垂向前者。謹慎也。

言語

柔和而有圭角者。佞也。
嘵舌者。狹量也。
高聲者。直也。
音低者巧而毒。
有女音者淫也。

笑

開口而笑者剛。
大笑者量狹。
微笑者佞人也。
莞爾而笑者正。

俯而笑者僞。

笑而眼中濕者柔也。

行爲

諂人者有所恐也。

批評他人善惡者。掩本身之醜惡也。

直言者潔也。

言小惠者名也。

眼

目光射人胸者正也。

眼光炯炯射人者有威。

通行道路中而屢驚顧左右者。盜也。

上述各條。均從中國相書中。摘其適於骨相。或據從來經驗。而擇可爲參考者掇拾之者也。斯則音聲及動作面貌均與其人才智有密切關係。觀者以骨相爲本據而對照之當有所得矣。

第六節　骨相學與美術

前此記述均屬受動意味。以下爲致動意味。第純然區別。頗屬難能。美術學之範圍狹小。不過僅關係人物美術中之繪畫彫刻鑄造各科而已。西洋美術家之描歷史偉人。或爲肖像繪畫也。必先調查其性情素行。而後從事彫刻鑄造亦然。此美術學之祕訣也。若僅就一葉肖像而造人物之全體。或基口碑而寫空想。決不足模範前人。昭垂後世也。凡此類製作僅足以肖其前方顏貌。至於後部頭蓋。恐難得其仿彿。歐西美術專家。均研究骨相學。乃能深造有得。否則以道德智略之人物而造爲猛惡鮮恥之貌相。以慈悲崇高之人。而成爲破壞多慾之形。決非崇拜偉人之道也。

佛教之塑像也。均從佛說而爲之。中國亦有圖相偉人以傳後世之風習。乃能傳神阿堵。確切不易。古來佛相以及彫塑均與骨相所說若合符節。彼從事當時雖未必解骨相之學說。而能發露精神於作品者。一則基於經文。一則從其慣習。試遊觀有名寺院。檢視釋迦文殊五百羅漢各塑像。雖相貌千差萬別。而其骨項。莫不具道德尊敬二才智。相好端嚴。慈容偉貌。足起後人崇敬之心。夫骨相中此二才智之發明也。均從宗教畫上得來。西洋名畫之基督以及希臘大智梭格拉第之像。皆出一轍。斯則骨相學與美術具有如此關係。世之有志美術者。繪畫應用骨相。則可藉爲歷史人物圖形之參考。彫刻鑄金。則可應用於模型肖像。其補益蓋匪淺鮮也。

第七節　骨相學與教育學

教育者。以人類天稟之才能爲基礎。而啓發之。使歸於善良。使知爲人之道也。教者指導之意。育者助長啓發之意。試解釋其主旨如下。

(一)人類天稟之才。爲教育基礎。設無此天稟能力。將與動物同歸一致。而人類獨具之。此則教育可因才而施也。

(一)啓發善良者。凡物而放任之。則有歸於惡化之時。古昔學者。每多爭論。孟子曰性善。荀子曰性惡。第人性善惡之論。其根據不免遺誤。斯論旨無歸著處。云性善者固誤。云性惡者。亦不得謂之確切也。蓋人之稟性。善惡相半。設僅啓發惡性。則從而惡矣。誘導之使歸善性。則從而善矣。二子不察。乃以性之善惡。屬諸天稟。斯其誤也。故教育學由其方法之如何而異其結果。蓋教育之事。非後天的附著學藝道德於其身。乃先天的啓發其固有之稟性也。

(二)使之合格爲人之道。此難問題也。爲人之道。須如何而可合格耶。則將答之曰。現今教育界能使學童身體、智識、道德。均發達至一定程度。獨立獨行。不須依賴他人。從道德之命令。而盡人類普通職務。斯可矣。質言之。人人均能克己。則教育之職務盡矣。但上所述者。學校教育之說也。

然此所謂爲人合格之道。須使之定最上之目的而進行。漸與之合爲一致。夫然後乃可謂之合格人道。第所謂目的者何也。所謂標準者何也。此則解釋頗難。中國之聖賢。修身齊家治國平天下之道。均以聖賢爲標準。第社會進步無窮。斯人格亦當進化。昔之標準。不足以爲今日之標準。而道德一語。內容亦頗複雜。或爲宗教的道德。或爲倫理的道德。而因國情之不同。國民道德亦不能無異。如君主政體之國家。其國民道德與民主政體異也。

夫教育既有上述之目的矣。其方法則從母體發育。以迄乳哺入學。入社會通世情以還。不可一日無教育。故類分之曰胎教。家教。學校教育。

自然教育。社會教育。自身教育。教育之道。範圍廣汎。吾人心目中之教育。均以一貫方針前進而已。茲就日本文部省視學官湯比古氏之今後教育方針談。再參以骨相學上意見而試論之。

今察日本教育方針。自小學以迄大學。皆流於形式。而缺精神。此大謬也。以此而求有為人物。烏可得哉。

此則教育當局不能辭其責。若視學官吏。不注意於人物養成。而徒斤斤於學校設備。以及教室教具。就學人額。卒業人額。至於卒業者之成有為人物與否。毫不置念。其採用視學官吏學校校長等。亦僅查其履歷經驗。苟其人為相當學校畢業者。卽視為適任而任用之。斯則學校流於形式之原因也。

譬諸吾人之入市購物也。僅取其物品之善者。斯可矣。不必問其物品製作之屬諸人工。抑屬諸機械也。繪畫亦然。勿論用何種繪具也。其室之構造奚若也。但使繪畫佳良斯可矣。教育之道亦然。人類自有賢愚之別。在小學校時聰明者速成。愚魯者晚成。乃據今日制度。賢愚均歸一致。不能越級而趨。賢者苦於俯就。愚者難於仰攀。非計之得也。

今考列強之教育法。當以英國爲善。蓋注意於人物養成。而取自由方針者也。德法教育制度。過於完整。而弊害亦隨之。日本教育制度。素採德國制度三十年來。學術日盛。此後似宜兼取英制。採養成人物主義。斯可矣。

今試取文明人百人。與野蠻人百人。使之分曹對抗。文明人必非野蠻人之敵。蓋文明國教育。由人爲方法。使賢愚並進齊驅。納諸一範。野蠻人則因自然淘汰。其適於生存者。均優等人物也。

日本識者某氏曰。今日之大學卒業生。較昔者爲劣。何以故。因昔時之大學生。均由諸藩拔擢而來。使入開成所就學。而今日則取平等主義。

賢不肖均能自由入學也。故欲養成拔羣人物。須改正教育法也。
人之天稟才能。千差萬別。各不相同。而現今教育法。則取平等主義。啓發天稟才能。以余觀之。似有所未洽也。且人之天稟才能。發顯於頭骨表面。苟能從其特徵才能。自家庭教育幼稚園小中大學。而加以誘導啓發。將來國民中特別專門人才輩出。其裨益社會各方面以爲國家利者。蓋非淺鮮。至教育方法。容於第三編應用部詳說之。

第八節　骨相學與人類學

人類學者。比較全世界人類。因其風土氣候考察與其性質之關係。及其文明之程度。或上溯前世紀。推論人類進化退化之原。以爲後世社會學國家學之指針者也。此學之研究方法。均以考古學統計學爲根據。而以歸納的論法推理及之者也。第研究未臻完善。仍當有待於他日。苟能應用骨相學而推究之。當可集大成也。下所述者。從人類學上之判定。而加以骨相學上之推論。讀者據之。可以知其關係矣。德人康倍爾氏。付以人之顏角。推知人類才能。骨相學者。亦宗此說。試觀自下等動物以至人類。其顏角均與才智爲比例。即一觀人類中野蠻人文明人之顏角。亦足證此語之不虛矣。

茲據人類學者說明之洪積層時代之人類與骨相學之關係如下。

千七百零一年。德國康司他多地方從洪積層中。發見人類遺骨。(第九圖)千八百五十六年。耐安特爾他爾地方之谿谷間。亦發見之。並於西布加洞發見下腭骨後經阿爾貝爾卡氏（考古大家）製成想像圖形。（第十圖）以爲前世紀人類之模型。其後法比意各國。均從洪積層中發見人骨。人類學者研究此種骨片以爲介於現在人類及猴類之中間之動物。即人類之原人種也。此類原人。身體構造以及精神均與動物甚近。腦髓發育亦不完全。頭骨甚少。顏骨似獸類。四肢如猴云。

又德法與諸國從石器時代古墳中發掘而得之頭骨。短顏長顱。其骨彷彿今之歐洲人種。腦蓋發育。亦不弱於今人。人類學者之說明如此。第終不免爲想像空談。難令人滿足也。夫既得洪積時代石器時代之頭蓋骨以供確切參考。何不更爲詳細說明。舉當時人類性質。而闡明之乎。若以骨相學推論之。必能知其智識之程度。慾情之關係。或更進而測知其特有才智。爲現代人所無者。亦未可知。

北極之哀斯基摩人種。五官極爲銳敏。具有活潑之觀察力。蓋以獵海豹爲生。非此不可也。兼能觀日月星辰之運行。以測漁獵之時。從水鳥之飛行。以知風雨之變象也。人類學之言曰。壹斯基摩人種。在未開化人種中。精神最爲活潑。且能通曉種種印第安言。以及英法人語。並能操土語爲詩歌吟詠。富獨立不羈之精神。不求他人之助。亦無救助他人之心。其社會中。無乞丐。無貸借。無強盜。天資溫厚。不好抗爭。且其言語之構造。不適於爲譴責罵詈。生活方法。純係財產共有制度。婚嫁之時。不問嫁資多寡。數家族共棲一室之中。融融如也。子孫蕃殖。室陋隘不足容膝時。再另築冰室居之。

以上說明。均客觀方面之觀察也。設欲推究其主觀性質。須從其腦髓而觀之。則骨相學尚矣。設從骨相上論之。乃足知其性質以及天性之骨相。均不難想像而得之云。

據骨相而推測。可知該人種前額智識性才智中之觀查才智與後頭部之友情才智。當最爲發育。而缺乏爭鬬才智。及蓄財才智。自尊、剛強、慈悲、及攷慮性才智。亦必不能發育完全。據此以觀。則此人種之非高等人類。不難想見。且似難以教育之功。而開化之也。彼之能他國語言也。記憶現事而已。不爲盜賊者。無祕密蓄財之才智耳。不爲爭鬬亦然。家族同居者。嗜好部之發育也。溫厚者自尊爭鬬才智之缺乏也。其頭蓋骨外形。必前後延長。側面扁平。天項亦低。額爲斜角。頭蓋骨甚小也。

美洲印第安人種。性殘忍。耐苦痛。輕生不畏死。蓋純粹野蠻人性格也。其頭蓋骨左右(耳上部)發育。前額斜形。天項扁平。後頭部亦削。恰與愛斯基摩人種。居反對位置。其性狀亦成反對。惟觀察才智之發育。即動物猿猴類中。亦頗有之。非僅人類然也。而印第安人種眼上之骨。頗形突起云。

世之人類學者。爲研究人類性質之故。常身入蠻境。與共起居。每爲蠻族所殺。比比然也。在學者以一身供研究學問之犧牲。其志固堪嘉尚。然使知骨相學時。但須取蠻族頭骨數枚。不難一見而知。固勿庸以身歷險也。

（註）以上人類學參攷蘭克博士康倍爾氏原著日本關證藏譯本

第九節　骨相學與社會學

社會學乃晚近學派。其範圍廣汎。莫測涯埃。斯學起原於攷古學。內容則基於人類學。組織則關係國家學法律學。復含生理學之要素。宗教學之分子。兼及地質言語諸學。莫不具備。而關於社會學本身。則均從上述諸學科而來。非獨立而成一科者也。故欲研究社會學。必侵及他科學之範圍。蓋社會學者。研究人類結社情形。及其變遷之形狀者也。其要素以人類爲主。社會學與人類學。其研究人類雖同。而其目的則異。蓋人類學以個人爲目的。而社會學則攷求人類組織社會之原始沿革。以及變遷進化者也。

若夫斯學於骨相學之關係。則不僅如第八節所言。推究其具有之性質而已。更須知其具有何種才智。則可爲結社的性質。或既知其具有此種才智。則可以教育而進於文明。或推知其進化之程度。復視一社會爲綜合上之第一單位。以推攷之。其補助於社會學者。蓋非淺鮮也。

社會學之研究法。則以推究人類社會爲目的。以及人類種別。人種進化。兼及社會生存之方法者也。今試舉社會學中之一節。以供參攷。

美洲斯耐吉印度人性質常如嬰兒。行路遇石而蹉跌也。則大怒。以足踐石。或嚙之以示報復。

亞剌伯人日常交接。常如爭鬬詬譁。一文之錢。相爭且及半日。

安大曼人啼笑無常。喜怒不定。其情性變動。每難預測。

野蠻人之識別事物也。感覺甚銳。其眼力如望遠鏡。手工亦巧。射石其長技也。

秀可斯人種。善倣學他人。聽人言語。見人舉動。能仿倣之。而不差毫釐。

以上各條。均從社會學中轉載者。但觀察野蠻人種。非徒觀其情感之發見於外者。尤須解剖其本性。如前節所述之壹斯基摩。固屬一種野蠻人種、至於北海道之蝦夷台灣之生番均然也。其性質雖有溫厚獰猛之分。而仍基於氣候風土。以及天然淘汰。而均不能脫野蠻之域。或謂缺乏教育之故。則決不然。蓋骨相上無適於人格之靈智良才。非教育所能啓發也。野蠻人眼力、射石、仿倣等有專長者。不過模擬觀察二才智之發達耳。人格上無高尚之才智也。性質無定。喜怒不常者。無繼續才智也。遇石蹉跌而怒者。無比較原因二才智。而徒具破壞才智也。

兩者互較而觀。則知現今社會學。欲舉其表面之一端。而下野蠻之定義。甚屬難事。故非身入蠻地。與同起居。不足以知其性質也。惟骨相學能一見其頭骨。卽可洞徹其心思。使無遺蘊。其裨益社會學爲何如乎。

第十節　骨相學與法律

國家爲保護國民生命財產名譽之故。而制定法律。設置機關。以爲運用。若行政司法立法是也。

立法部斟酌文明程度風俗習慣人情。以制定適宜之法律。行政部則將國家地方團體認爲人格。而與以自治之權利。其機關則應之而發命令。以監督整理一切人民。行政警察權是也。司法部審判私法公法關係之訴訟。以保全人民權利。三權相副而行。範圍廣汎。機關衆多。從事之公人官吏須洞察民情。了然於有關係之當事者之心理。否則徒法不能自行。峻刑亦不足以威衆也。若夫洞察人情。則又宜以骨相術爲之基。蓋人藏其心。莫由測度。苟由骨相以觀察之。則形諸表面者。不難一測而知。彼亦無所施其詐術矣。茲舉其關係重要者二三例如下。

警察法中之屬於司法者。其官吏搜索罪犯而拘留之時。有累及無辜良民罹拘留之厄。此豈警察官吏之本領哉。故知惡相之人。非必即犯罪者。善相之人。且時有犯罪者矣。若夫竊盜等之慣習犯罪。則不難從骨相上一望而知。但能鑒別知此。則不難得其心證。若僅由舉動而得心證。則僞爲善人舉動者。將被欺而不自覺矣。此則司法警察之須知骨相也。司法官尤爲必要。從來定罪。僅憑犯人自白。及證據物品。第僅由證據自白定罪時。無辜而罹罪者。往往有之。據法律學某大家言。目下日本監獄中。此種犯人仍甚多云。其故則因司法官誤認心證。及誤認犯人而已。欲除此弊。須能鑒別犯人性質。則骨相學尚矣。

復次骨相之必要。證明再犯是也。再犯之可恐可憎。世人所同認也。苟改正現行刑法。而代以新刑法時。須加重再犯者之刑條、而犯人之責任愈重。再犯罪人欲免再犯二字。必研究規避之法。或用僞名。或匿其前次之跡。故再犯之刑法愈重。規避之術愈精。斯則證明再犯之方法尚矣。日本現行再犯證明方法有二種。一爲既決犯罪一屬造冊索引。均待犯人承認之後。始爲有効。不便之甚者也。設能從其骨相造成統計則効力自見矣。千八百八十五年十一月二十二日意國羅馬美術館開萬國監獄協會時當法代表委員之演說與余所發明之方法頗形暗合。當於應用編中敍述之。

上述再犯證明之外餘如官吏之採用。學生軍人之選拔。當事者亦宜以骨相爲參攷。其成績必有可觀者。

第十一節　骨相學與判斷術

古今各國迷信之事。恒潛伏存在於社會各階級。西洋各國占星等術。

所在多有。信者亦頗不少。從中國輸入各國者。若干支八卦。五行神籤。均占術也。人相手相地相家相。均相術也。兩者均具一定法則。所得結果。貴能以靈機說明之。故靈機之巧拙。足以知其人操術之高下也。俗稱之曰判斷。若醫者之探查病源而判定病狀也。

日本井上圓了博士之妖怪學。稱曰隅合。此隅合占術。雖由臆斷方法。必可命中。而其原理。仍在不可解中。難與開明人士以共信也。今試舉其相術中數則如下。

腦後骨曰玉枕骨壽根也。

腦側骨亦名枕骨。

頂骨腦骨枕骨突起者富貴也。

後頭之骨曰樓骨主仙壽。

角頭而不露骨者。貴相也。

圓頭不露骨而有勢者。富且貴也。

偏頭者。貧賤之相也。

尖頭而中削及頭之小者。下賤相也。

大圓豐滿而圓轉者。福相也。

頭如盂狀者。生涯辛苦。妻子無緣。宜出家爲僧。

頭皮厚者吉。皮薄者貧苦之相。

玉樓骨高者。紛雜時當得人助。

大率如此。盈編累牘。毫無理由。陳陳相因。墨守舊說而已。占術亦多類此。第能與愚民以安心立命。未始非有益於社會。若藉以行騙售欺。則司法者宜加以取締也。愚意此後操術問世者。宜以有根據之學說。爲自身之教範。判斷能歸於中正。則足爲社會指針。裨益世人不少。八卦可也。相術亦無不可。若能以骨相學爲根據。藉以相人。示知其人生行路。事業成敗。希望目的。婚姻配合等。斯員能詔人以幸福。而爲終身之參考者矣。如富於製造模擬才智之人。應其身分。撰擇職業。必能發揮其特長也。又如無繼續才智之人。又破壞才智發達之人。宜勸以遇事忍耐。可免將來失敗。又如以多血質之人。使配合神經質者。必能和合終身。不占脫輻也。以今日世界操此術者之多。苟俱能有骨相術之心得。出而問世。當裨益世人不少也。

第八章　骨相學與心理學關係餘論

骨相學者。注意於腦部諸臟器之發動作用。心理學者。則注意於臟器之發動。及於心理之作用。二者之間。雖根據微有不同。而其結果之關於諸部才智之活動情形。則二者間毫無不相容認之處。茲比較心理學說上之異同所在。有如下述。

教育心理學以爲教育惡人。使之爲善。惟須變化其根本之精神。在骨相學上亦容認之。第稍持異說而已。前編敘述有曰。人性善惡。係感受之於先天。後天教育。勿論如何。終難改變其根本性質。惟須注意者。有人於茲。破壞才智頗形發達。而能以教育注意。使一變而爲溫良循謹之人。此無他。有破壞本性。依然存在。而一面由教育助長啓發其謹慎道德諸才智。使爲抑制而已。苟一旦遭逢刺擊。抑制無效。仍有發現本來天性之日。若鍍金然。磨滅之餘。終有露出本質之日也。故云後天教育。絕不能變化先天性質。故骨相上貴能鑒別稟性。察人心理已。

骨相學上智覺的感受性才智中嗜好意見各職器。不待意識之發動。始爲動作者。例如恐愕才智非欲恐而恐。愛兒才智非欲愛而愛。破壞才智亦非欲怒而後怒者。蓋由體中神經。刺擊及於嗜好意見諸職器時。遂不問自己之欲不欲。而起情意之感動。有不容或已者。此外又每因外物之感觸而發動者。如見華麗之物而起愛心。暗夜見怪物而起恐怖心。見大人師長而起謹慎心。均然也。尤可異者。諸部臟器。每因其體質關係。過度刺擊之餘。局部即覺疼痛者。即如激怒時。殺戮骨生苦痛。愛兒死亡之後。慈母悲痛過甚。其愛兒骨部亦時有感痛苦者。往往感受性才智。因動作過度之故。而生變態。據病理學者之說。發狂之人。皆因知覺精神異常而起。此非其明證乎。惟感受性才智雖罹病痛。而其他之智識性才智。仍舊健全者。往往見之。故發狂之人。每見當談話時。毫無誤謬者。蓋因感受性才智。非爲思想之主。不過知覺事物而已。毫無關係於記憶意思想像諸才智也。故知覺才智。係屬一種狀態。非別具一種機關。辨識及考慮性才智。爲構成思想。理解事物關係。或援助意識。或組織意思。且管理一切感受性才智者也。若夫因體外現象而奮起。因體內原因事情而受刺擊時。即發生理解事物作用。名曰理解。此理解含有智識性才智。故此才器發育缺乏之者。每無理解事物之能力。

一意思　爲智識性才智動作之一種作用。非專有一種才智也。思想云者意思之活潑者也理解爲智識性才智動作之最單純者。而意思則稍形複雜。思想則尤高尚矣。其程度雖有高低。而其由來則不外乎才智之作用。

一記憶　亦非別具才智。而屬於才智動作之一種方法。（但現事記憶才智當別論之）非若心理學說之一般的記憶。或記憶術等。凡諸才智均具有固有之記憶。惟此記憶專屬於智識性才智。此記憶之作用。與意思思想之作用。亦各不同。蓋係想起理解之事物。歷時許久。仍不失其理解以來之覺悟也。至於他動作則無時間之關係云。茲並敘述心理學上之說明記憶者以供參考。

記憶有三階級。一曰把住。保持一旦知覺之事物者也。一曰復現。已把住之現象。再現諸意識之作用也。第三始稱曰記憶。更將復現之現象。而再認之之謂也。若此記憶作用。僅某種感覺示活動傾向之時。曰記憶術。欲知其詳。仍須習得心理學。此所記者。僅表示心理學上記憶之種類。與骨相學上記憶之種類。聊持異說耳。

一判斷 Judgement　判斷者。理解適宜或當然之結果之作用也。乃攷慮力動作中之一種。方法心理學名之曰悟性。第判斷有單純複雜之分。單純之判斷。或可稱曰各智識性才智各有固有之判斷。若色澤才智判斷顏色。大小輕重各才智。則判斷大小容積。音調才智。則判斷音律是也。雖然。吾人用定判斷二字意義之時。並非如此單純。蓋以指眞正之理論與夫明確推理上之判決也。攷慮性才智專司之。心理學上名曰理性。此判決之必要。在乎其他感受性才智之公平靜聽。如當爭鬬殺戮之念勃發難以抑止時。判斷遂失其作用。

必心平氣和。始得判斷其不當也。

覺悟Understanding　覺悟者。心思之所存在。或辨識才智動作之謂也。屬諸感受性才智及智識性才智通用之一種作用。心理學上稱曰反省。或稱爲悟性者。謬也。何則。覺悟與判斷推理不同。乃辨識事物存在及性情者也。殆卽心理學所謂單純之概念。若夫比較之。統合之。以及命名等之構成作用。則由與他才智及考慮性才智之關係而生之現象也。

一 注意Attention　注意者。非一種才智之動作。乃數種智識之關係應用也。心理學者所論。頗爲允洽。注意分爲有意注意無意注意二種。有意注意云者。由自己之意思而將事物存留心中之作用也。故又稱爲主觀的注意。或發動的注意。卽骨相上比較原因等各攷慮才智之發動也。無意注意云者。因五官所感觸。自然心意傾注之謂。

故又稱爲客觀的注意或受動的注意。卽骨相上智識性才智感受性才智之中。一種才智或數種才智聯合動作之作用也。惟全腦各部才智。非同時動作者。據骨相學原則。一才智動作時。其餘均靜止云。

一聯合 Connection　聯合者。心上之想像連續繼起。以次相生。而無間斷之現象也。此卽諸種才智發動之狀態。非專有別種才智。心理學中說明此陸續繼起之規則曰。表象於智覺者。發現於意識之時。與此表象有關係之他種表象同時相隨而現者曰聯合。而此聯合作用。乃腦之細胞。與此互相關係。爲複雜之活動。又區分爲二種。曰接近律。曰類似律。譬如心中想及北京。則連接想起正陽門。又順序思及午門中央公園。一一浮諸心頭。此卽接近律之同時聯合是也。又如見香閨則思及美人。聞鄉便則思及故鄉。此亦繼續聯合也。類似律云者。見人之衣。則思及己之衣飾。見南城樓。則思及北城樓。因其類似而聯合思及之也。

然自骨相學上攷究之。聯合云者。決非如此卞等。才智之卓拔特出者。當爲起聯合之原動力。故其構造。亦準據起聯合時最便利方法而組織之。聯合上必要之各才智。羣集各部。互相聯續。今暫名曰主觀的聯合。而名各事物及才智間所起之聯合曰客觀的聯合。若當經營某種事業。常時須專使用一種才智或數種才智。則各才智因慣習之故。聯合動作頗形容易也。試觀久常從事一職業者。操術極爲練達。此意可見已。蓋才智之交互動作。必其排列集合得宜乃可。但聯合由客觀而及主觀。以爲吾人之記憶。遂成高尚智識。永印諸腦中者也。

一 情Feeling　此卽才智發動過劇之謂。其情之數多者。與其才智職器之數多相等。若愛爲戀慕之情。吝嗇爲蓄財之情。忿怒爲殺戮爭鬬之情是也。

一 愉快或苦痛 Pleasure or Displeasure　亦屬於各異之才智。蓋感情之或爲適意。或爲厭惡。而生此差異也。心理學者別之爲從自體方面而起者。及由心之作用而起者。卽與情以滿足者爲愉快。而反其情者苦痛也。

一 忍耐及短慮 Patience and Quick-tempered　皆由才智之連結而生。慈悲尊敬希望公明剛強具備之外。更有適宜之自尊心。卽安穩適宜遜讓而各有忍耐之精神者也。若夫無情云者。往往以忍耐與短慮混同。實則全相異致。淋巴質之人。每因腦力不足而生。如癡鈍之女僕。處嚴重家庭中而能繼續辛勞者。非有忍耐心。乃因情性不足。感覺遲鈍故也。反此者若自尊爭鬬及殺戮才智較大於慈悲公明及名譽尊敬諸才智時。遇事不遂心。卽不能忍耐矣。又如時間音調才智甚大之人。聞拙劣之音樂。將拂袖而去矣。

一歡喜及悲哀 Rejoicing and Lamentation　此因快感。或可厭現象。侵其原因之才智而生者也。如貨財威勢稱讚使貪慾自尊名譽各才智生歡喜之情。可愛親屬之生離死別。使黏著性才智生悲哀之情是也。

一習慣 Accustom　此乃屢次營爲而熟練某事之力也。但當未習熟某事之前。使之從事時。雖操術拙劣。亦須有必要之才智。若倂無此才智而欲從事業務。則養成習慣甚難。第習慣經數次操作後。其才智能漸增強盛焉。

一交感 Sense　此卽與他人共相感覺。或分取他人情意之感動之謂。如甲乙二人。其心思構造相等。其智覺亦同。當其同在劇場。注意俳優扮演而共相感覺是也。此外尚有他種交感。卽才智之活潑者。由他人之心思發爲音聲。而卽起一種之交感是也。某甲好自負。常傲慢臨人。遇自尊劇甚之某乙言語形色之間。卽挑成敵意是也。又如觀悲劇而傷心落淚。見演劇中之惡人。卽起忿怒之念。見孤兒可憐之演劇。引起同情之心。均素來所實驗也。至於可驚可愕之事。其傳播他人甚速。均交感也。

第二編 各論

第一章 腦之器官適應於體外萬物

仰而觀天。俯而察地。造化靈機。無往而不令人驚嘆者。雖開明人士。具深遠之學術。崇高之想像力。而對於宇宙神秘。終不免管窺蠡測。大之則山嶽河海。小之則細胞神經之纖維。莫不中藏宇宙樞機。毫無遺漏、基督教徒。以之歸諸神力。洵至言也。

造物主更賦與吾人以完全機能。使能參天地之化育。腦之器官構造。頗能適應體外萬物。試觀天然存在之物品以及人工物品。凡屬有形物體。第一存在。第二形狀。第三大小。第四輕重。第五位置。第六數量。第七部分順序。第八所受變化。第九變化所須之時間。第十所思攷之物體與他物體之異同。第十一熟慮所起之原因及結果。勿論何種物體。映入眼中時。均有此十一種作用。而後綜合物體。與以名稱。乃得滿足理解其物體也。然吾人習慣上之感覺。恆不如上述順序之完全。蓋非由全腦合爲一致而得之結果。乃由職分各異之智識性諸器官。分部各營。而與吾人以上述順序之作用也。若一器官有疾病或陷落時。殆如盲者之不能辨色也。吾人於此。不得不感謝造化。使吾人腦器構造。均能適應外界萬物。且於腦器之中。設感受性才智。使能組織社會。保持幸福於永久。夫慾念難抑制也。人生往往爲情慾所誤。陷於不可恢復之境。故造化主更賦與吾人以考慮性才智道德性才智。使能保持中和。不爲慾情所誤也。

第二章　骨相學上諸才智各相關聯羣集於同位置

前章既述造物者賦與吾人以機能。使爲活動。得營生活。且更使有保護能力。且有主命權利道德愉快各種方法。試從骨相區別才智之時。第一保護生命之才智。第二組織社會之才智。第三保存權利之才智。第四道德才智。第五娛樂性質。第六知識才智。

試分析各種才智。均具特有能力。若分業組織。各據腦之一部。互相提攜。占中央政府地位。今歷舉說明如左。

第一人欲保持生命。不可不營衣食住。食則有食慾才智。具牙齒舌喉以供其肉食之便。衣住則有製造才智。既肉食衣住矣。則須屠殺獸類。

故與以殺戮性。獸類相反抗相搏噬。不可無爭鬭愛生諸才智。既爲爭鬭。遂起機心。於是生祕密警戒等諸才智。更授以蓄財才智使得備不時之需。此七八種才智均互相關聯。集居耳之周圍。

第二總論所述。人類爲社交動物。故賦以愛鄉友愛諸才智。男女關係發生於戀慕才智。繁殖種族發生於愛兒才智。更具黏著友情愛鄉各才智。使得構成國土。以便互相保存吾人之生命。則社會愈得完全維持於不敝矣。此等才器均集於後頭部。

第三人各有天賦權利。欲保全其利權。則不可不自重。更須有確固

第十一圖

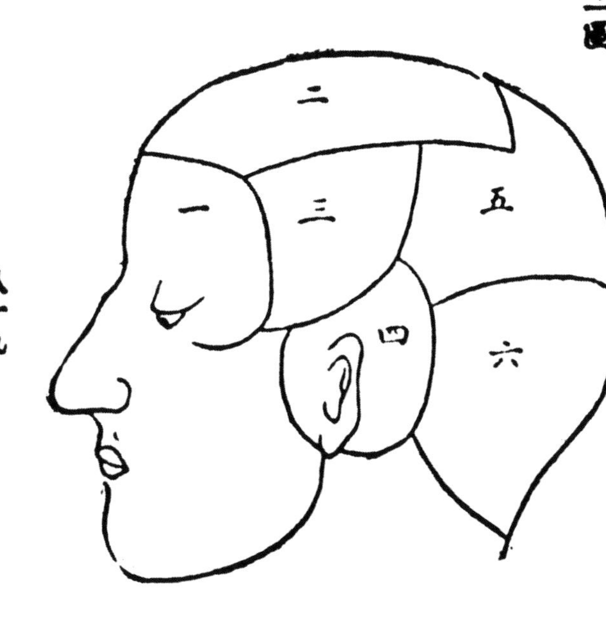

之決心。而保護此自尊剛強。須以名譽才智。謹慎才智。此謹慎一稱警戒。爲注意之一種。有時供保存生命之用。故位於兩部中央。

第四人爲萬物之靈。其異於禽獸者因有道德高尚慈悲諸才智也。有慈悲才智。則同族不反噬。有尊敬才智。則國家組織整齊平穩。國家須有主權。宛如身體之有精神。主權所以統御國民。而保護國民幸福權利。國民服從統治權。相互間不可無尊敬之心。此則慈悲尊敬才智之所以生也。若夫善惡行爲之標準。公明之良心。慴伏威嚴之驚愕。宗教本原之希望高大。亦發源於道德。此諸才智位於頭腦中部。相羣簇焉。

第五寬大慈悲之造化。更賦與吾人以娛樂之才智。若高尚之想像才智。及模擬滑稽音樂等之快活才智是也。此類各才智。集於前額左右。

第六吾人更得造化賦與之雙目鏡。以爲觀察宇宙事物之用。一便素讀。(但讀而不求解之謂)一便解釋。

(甲)一眼爲司形容大小輕重色澤順序算數居所觀查者。凡動物均有之。

(乙)一眼爲解釋之用。司理解物體及事情之關係。兼司比較對照原因結果者也。此各才智位前額之上部。曰考慮性才智。

第三章　才智之區別

徐賽夫博士及斯貝哈母博士。區別骨相各才智爲知識知覺。即智識性才智及感受性才智之二類是也。感受性才智。更細分爲嗜好意見二種。嗜好云者。遇一種感覺則興起一定動作。並不起他之動作是也。意見云者。一智識雖有所偏重。而一種情意感動。即添加之之謂也。

- 才智
  - 知覺……
  - 感受性才智
    - 嗜好
    - 意見
      - 第一種
      - 第二種

知識……智識性才智　理解性才智……（識認）　考慮性才智

智識性才智亦細分爲二。理解性才智考慮性才智是也。理解性才智更分爲三。一曰五官感覺及隨意運動。二曰知現存事物。卽識別人類體外之物及自然之性情之內力。三曰理解外物關係是也。考慮性才智。爲使逞己力及於他之諸力之才智。卽比較決斷審判之力也。

理解性才智
- 一五官感覺隨意運動（辯說、音曲、色澤、輕重、大小等、）
- 二知現存事物之內力（觀察、形容、居所等、）
- 三知外物關係（順序、算數、時間、記憶等、）

一戀慕
二愛兒
三愛生
四友情

感受性才智

嗜好

五愛鄉
六繼續
七爭鬬
八殺戮
九秘密
十蓄財
十一製造
十二食慾
十三自尊
十四名譽
十五謹慎
十六慈悲
十七尊敬

意見

十八剛強
十九公明
二十希望
二十一高大
二十二驚愕
二十三想像
二十四滑稽
二十五模擬
二十六觀察
二十七形容
二十八大小
二十九輕重

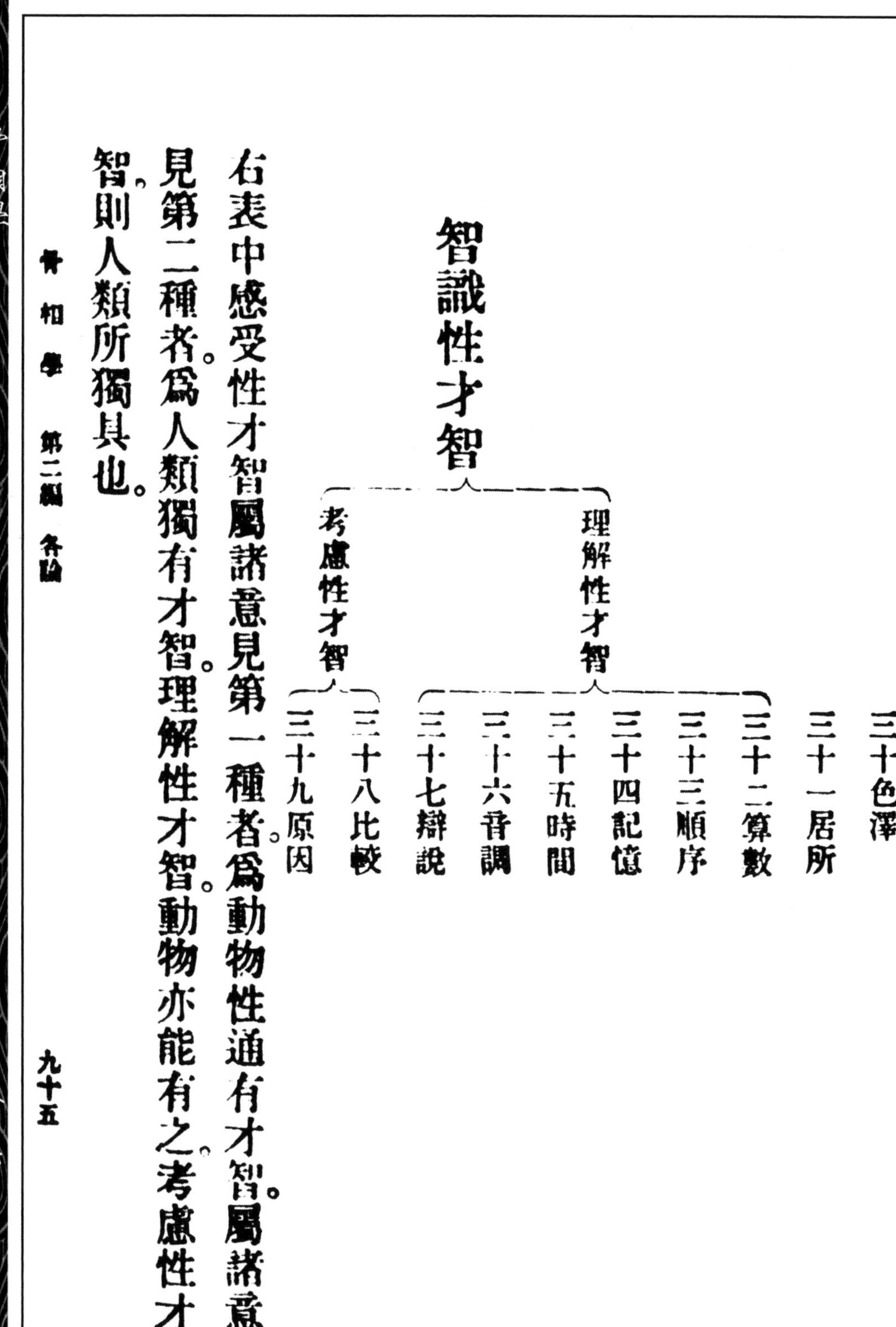

三十色澤
三十一居所

智識性才智

理解性才智
三十二算數
三十三順序
三十四記憶
三十五時間
三十六音調
三十七辯說

考慮性才智
三十八比較
三十九原因

右表中感受性才智屬諸意見第一種者。爲動物性通有才智。屬諸意見第二種者。爲人類獨有才智。理解性才智。動物亦能有之。考慮性才智則人類所獨具也。

才智原名準斯貝爾哈母博士命名。譯語中似有費解欠允當者。讀者參觀解說。自能領悟。幸無拘束於名詞也。至於先後次序。亦從博士原著爲多。均擇其部位相近者而排次之。此外係試驗而未明瞭之才智。尙有多種。玆因未經確定。姑從略焉。

第十二圖

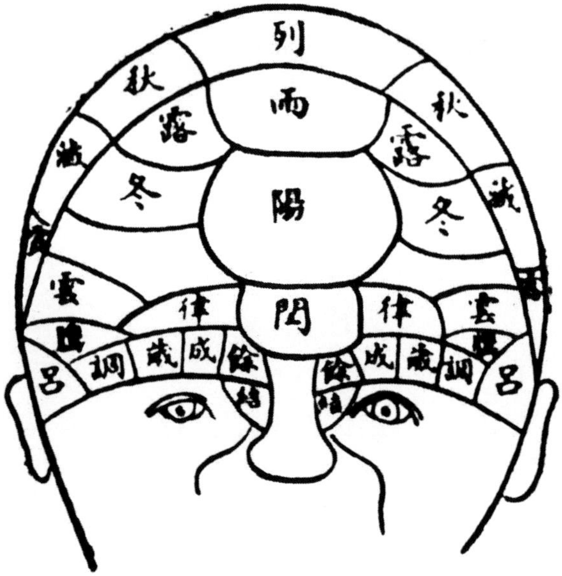

第十三圖

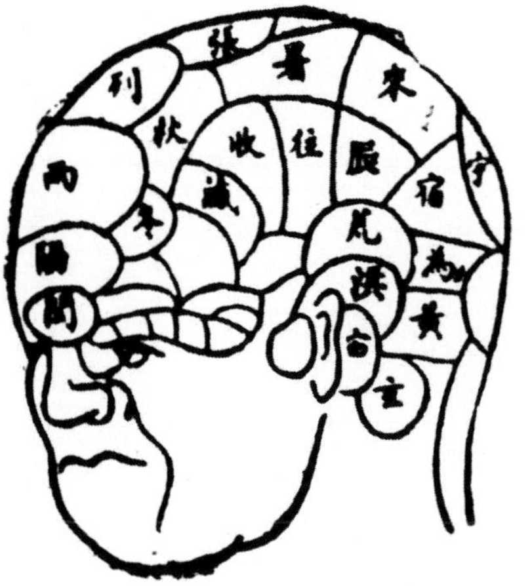

天　戀慕　地　愛兒　玄　愛生　黃　友情　宇　繼續　宙　爭鬥　洪　殺戮　荒　祕密　日　蓄財
月　製造　盈　食慾　昃　自尊　辰　名譽　宿　謹慎　列　慈悲　張　尊敬　寒　剛強　來　公明
暑　希望　往　高大　秋　驚愕　收　想像　冬　滑稽　藏　模擬　閏　觀察　餘　大小　成　輕重
歲　色澤　律　居所　呂　算數　調　順序　陽　記憶　雲　時間　騰　音調　致　辯說　雨　比較
露　原因　結　形容　爲　愛鄉

第十四圖

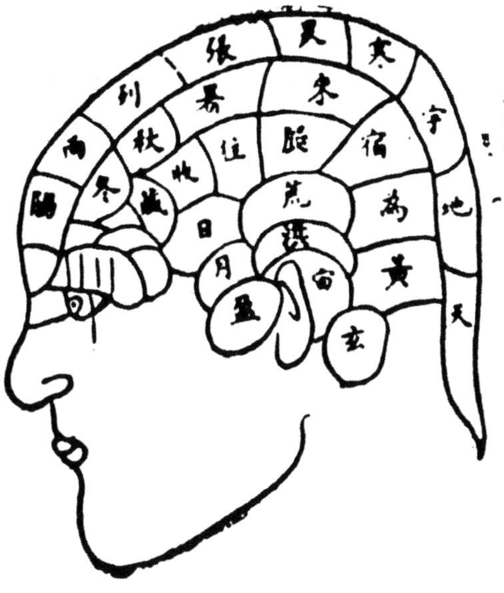

第十五圖

第十六圖

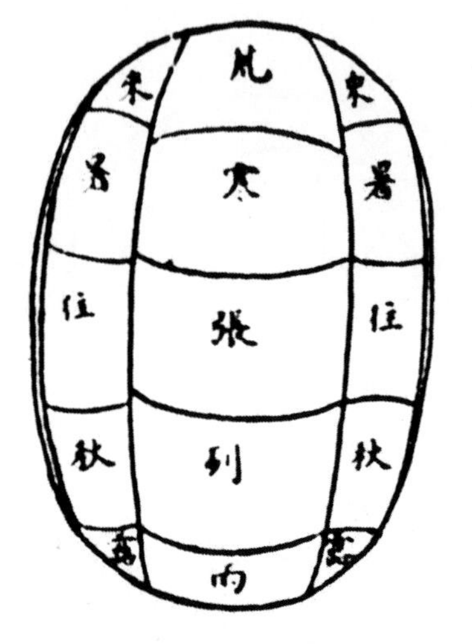

第十七圖

昃 寒 宇 地 天 來 宿 爲 黃 暑 辰 往 荒 洪 宙 玄 秋 收 日 月 盈

第四章　骨相學之根據

此章所述。均從解剖結果。或依其作用情形。與夫研究上之便利。而擇其足爲骨相學之根據者。以說明之。

第一節　器官

人類能力之活動才智。據主觀的觀察。爲知情意三種。更以階級差別之曰覺性悟性理性。此種分類。本非骨相學之固有名詞。乃藉心理學上之分類名稱。使與骨相學調和而已。

精神作用

意	覺性	感受性才智
情	悟性	理解性才智
知	理性	考慮性才智

第二節　才智測量方法

骨相之術。非能爲機械的觀測也。但可觀察其才智之充實與否。再及其發育之方向。而後綜合的斷定各才智之結果而已。故其爲術非熟練不爲功。第近來科爾氏所著骨相書。發明機械測量方法。且以量得尺寸之結果。載之簡編。但其方法仍欠允當。且不能觀測的確。故從畧焉。蓋顏角線對耳線諸種根據。不須依尺度而可一目瞭然者也。顏角線云者。已屢見於動物學人類學之著作中。對耳線云者。則以耳爲中心。畫十字線。而據以觀前後上下之權衡者也。

第三節　腦之機能

全腦區分數部。除精神不具癡狂者外。莫不具備諸器者也。其腦面爲皺襞者。曰大腦皮質。人類精神具焉。其迴轉溝渠之單複。可以別神經作用之高下。形狀爲灰白質。基底有脊髓延髓腦橋小腦中腦等。延髓爲細胞纖維連結之處。如電話交換之組織焉。故由延髓直達腦皮質各所之纖維。均與各部才智交通聯絡。爲精神作用之要匯。

第十八圖

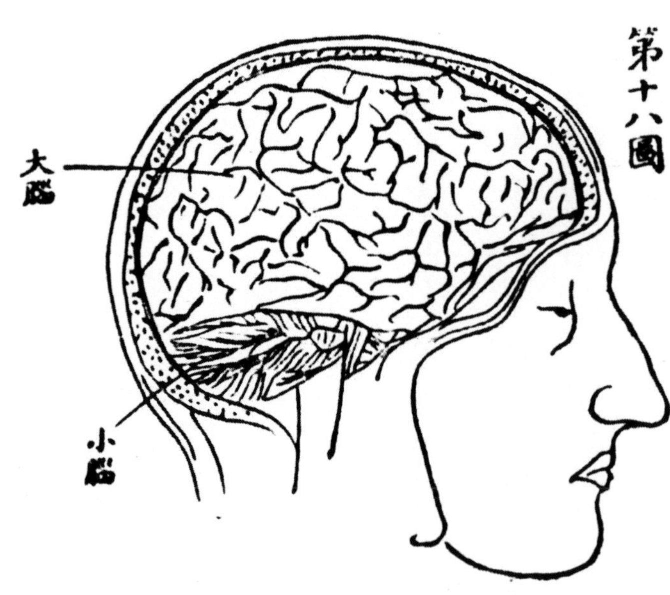

第四節　腦之兩半球

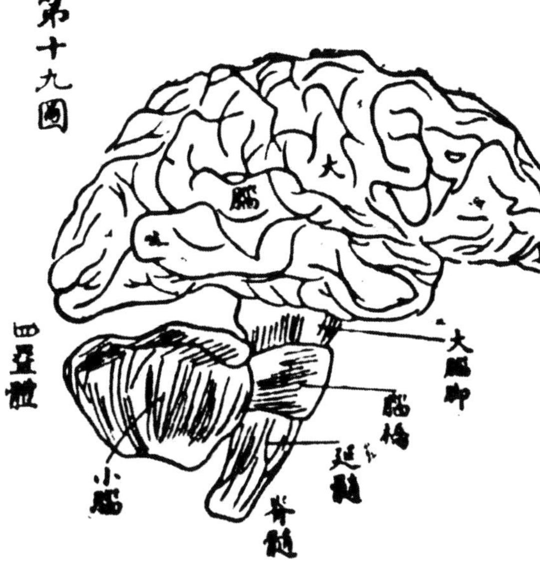

第十九圖

中斷腦部分爲左右兩半球。名曰半圓體。兩體之間有溝。左右相等。而對峙焉。蓋腦之各部。均爲重複交互活動。如耳目之成對也。故云某器時。必兼指左右二器。惟頭骨中央垂直處之器。如剛強、自尊、慈悲等。則僅一器相接。不相重複。同時動作而無休止也。

第五節　腦之區分

腦部分爲三葉。曰前葉。曰中葉。曰後葉。前葉爲智識諸器。後葉爲嗜好諸器。中葉爲道德諸器。

第六節 才智等級及鑑定表

第二十圖

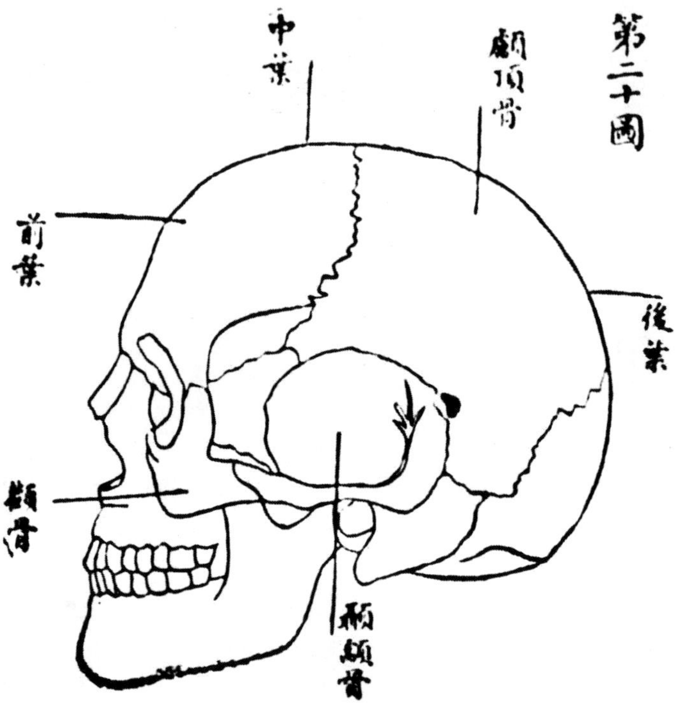

骨相家鑑定腦器。定大小等級以供記數平均之便。常分爲極小、小、略小、中等、略充實、充實、略大、大、極大九等。據以製表。並附誌骨相以外其他諸部之特徵焉。茲將骨相鑑定表之格式列左。

骨相鑑定表

才智　度數	特徵　肉質
戀慕	眼力
愛兒	音聲
愛生	頭髮
友情	齒牙
愛鄉	皮膚
繼續	筋肉
爭鬪	體質
殺戮	氣質
祕密	疾病
蓄財	其他

度數：9　8　7　6　5　4　3　2　1

神經質多血質黏液質及其他

製造	
食慾	
自尊	
其他各才智略	
備考	

第七節　才能之作用

由腦器發露之精神能力曰才能。Faculty 或曰才智。卽考慮及知覺作用之義也。凡才智之一種。均具七種特徵。

(一)一才智有僅屬諸動物之一屬而他動物無之者。

(二)在同種之雌雄間才智亦各異。

(三)二種才智不相重複。

(四)才智發動有遲速先後。

（五）一器動作他器休止。

（六）具遺傳性。

（七）器中有健康者。有發疾病者。

第八節　觀相法

夫居山者不知山之高低。僅指山脈突起。不足以斷定山之大小。必遠望而比較之。乃能測其高低大小也。測骨相者亦然。非僅撫其骨蓋。指其突起。卽可謂觀察無遺蘊也。故欲成就專門之術。當以廣覽博採。爲定大小標準之基。非觀查數百人頭骨而比較之不可。至於檢視發育突起。亦非僅以手揣其凸凹之部。卽足知之。必隔座端詳。前後左右。一律普及。乃能得心應手。熟極生巧。至習熟以後。僅憑寫眞一紙。卽可鑑定無疑矣。此觀相第一義也。

觀相者又不可僅視一部才器之特徵。卽據以確定其作用。蓋人之性質。每因接近腦器。互相抑制。互相誘導。而變其固有之能也。譬如有甲於此。仁惠甚深。而其爭鬭殺戮諸器。較奸惡之乙且巨。然甲有抑制之道德才智。而乙則無之。若僅視爭鬭殺戮之才器。而遽下斷定時。必致毫釐之差。謬以千里。此觀相第二義也。

觀相者觀查頭蓋之大小。仍須比較其身體。譬之牛象之頭。非不大也。然以比諸牛象之體軀。轉覺其爲小矣。歐美人頭骨較日本人爲巨。然須知歐美人軀幹甚偉。而日本人則甚小也。故檢查頭蓋時。總須依其身體大小爲比例。卽同一人種亦然。此觀相之第三義也。

觀相者判定人性質時。與頭蓋大小才智大小之外。仍須檢其肉質。或爲多血質。或爲神經質黏液質淋巴質等。且才智有因患病之故而消滅者。宜參考酌量。再下鑑定。方免誤謬。此觀相之第四義也。

第九節　力與動作之區別

骨相上精神才智。輒區別力與動作爲二種意義。力卽知覺、辨識、考慮、等分量之謂。動作乃力之發現也。亦卽指動作腦器之程度之強弱。有人於此。殺戮之性雖大。(其器必大)而在平和時安穩無事。蓋其器雖大因無動作之故。不能發現。但有遇事勃發之勢耳。凡此者。比較小性之人。其勢爲大。故力與動作每相比例。而動作則爲測定才智發動遲速強弱之標準也。

第五章　感受性才智(嗜好)

第一節　動物通有性才能

感受性才智之屬於嗜好者。卽下等動物亦具有之。故名曰動物通有性才智。

第一款　戀慕 Amativeness

位置　此才智居小腦部。在後頭部兩耳之間。卽頸部左右。乳頭突起處。此器大者頸部每形肥大。小者頸部瘦細。

機能　小腦屬於此嗜好之才器。據斯貝爾哈母之說。小腦之爲戀慕嗜好器也。徵之小腦經驗一切事實確證甚多。因而小腦機能之確定。在今日者。僅戀慕才智而已。或以謂解剖上此部分特大者。當必含有他之才智則又難信。蓋至今尚未能證明有其他才器也。若夫生理學者之說。小腦僅司運動。爲知覺神經運動神經交叉之點云云。與骨相學恆成異論。以余觀之。戀慕嗜好。爲動物通有才智中之最顯著者。卽昆蟲之微。逢交尾期而活潑。足以知其戀慕之發動矣。解剖此等蟲類。大腦雖無。小腦獨形發達。生理學上則以爲此乃司運動機能者。然既爲有機自動之物體。與以運動機能之名稱。固無不可。總不能謂之非兼備戀慕機能也。試觀色情旺盛之下等動物。解剖上小腦獨多。非其明證耶。更觀夫鳥類頭頸之細長者。產卵必少。獸類產兒多者。情慾盛者。頭頸亦必肥粗。均此意也。

婦人之領如蝤蠐。爲美人資格之一。蝤蠐爲頸部細長之意。而以縮項爲不美。蓋中國風俗以婦人好淫爲悪德。故以頸部細長爲美人條件也。

利害關係　此才智爲動物機能。設無他才智以抑制之。則當終陷溺於淫慾而不可遏制。故或以道德教育高尚其品格。或以宗教法律之制裁。使得全人道。斯可矣。

疾病　色情狂爲精神病之一。卽因該才器發動過度所致也。

第二款　愛兒 Parents love

位置　此器與戀慕接續。而位其上部。發育大者。局部突出。成鷄卵狀。

作用　是爲人及動物愛兒之智覺。屬諸原基才智之一。與道德諸才智。毫無關係。女性天賦此器。尤爲顯著。

發明　科兒博士發見此才智時。因見猿猴類之後頭部。無不突出者。而其愛子之情甚深。博物家言。均相一致。更視其他動物。結果亦然。鳥類中之杜鵑。毫無愛兒之心。每棄所生之卵而不顧。亦骨相上所表見者也。

第二十二圖

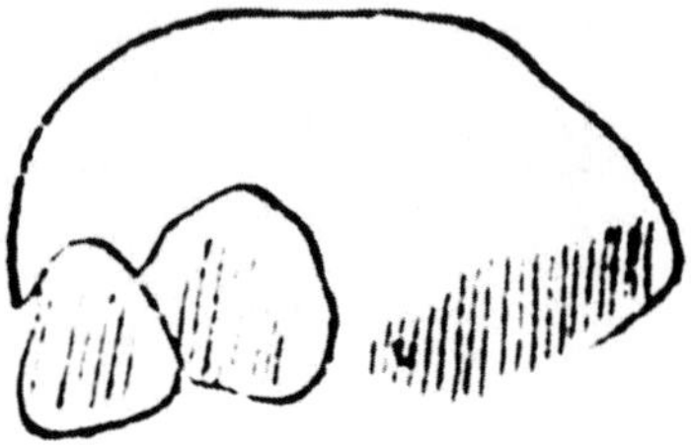

第二十一圖

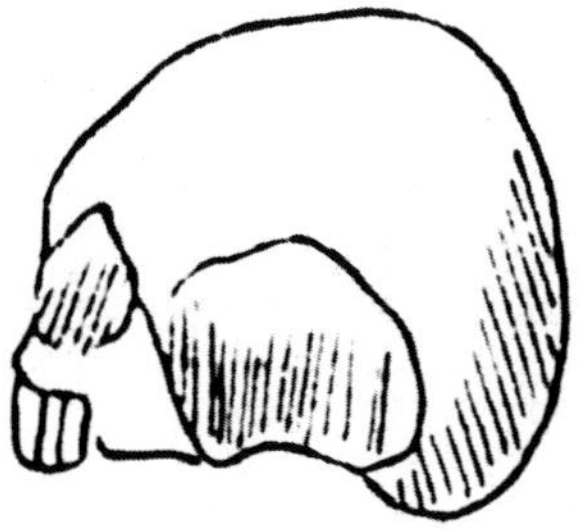

現象　此器之發育者。非僅愛嬰兒而已。嬰兒亦能知覺之。現象如此。可謂奇矣。試觀後頭部扁平之人。每不爲嬰兒所喜。彼亦不喜嬰兒。男女二性之間。男子此部之發育。每不如女子之甚。世之愛子女及愛嬰兒者。均此部發育者也。

效用　此種才智發達者。家庭常能保持圓滿。且有益於家庭教育。以充幼稚園之教師看護婦家庭教師保姆乳母等爲職業之人皆適之。

利害　此器之發育過度者。苟無學識以濟之則不免流於溺愛子女教育上事事放縱。成長後之子女有陷入下流之恐也。

疾病　此器罹病時。該部頗感痛苦。且有因愛子喪失而成精神病者。

第三款　愛生 Vitativeness

位置　此器使兩耳後部突起。

作用　人莫不愛生命。是爲動物之通性。第在人類。則有強弱之差耳。此則該才器之發育程度。有大小不同之故。

現象　此才智發育者。無冒險精神。怯懦特甚。小膽者流是也。

利害　人之生命。固不可不寶貴視之。故以長生健康爲人生幸福之最大者。但事有重於生者。執干戈以衛社稷。捨生命以殉義理。國民均不可無此覺悟也。故此器發育過度。宜以教育糾正之。但須取道乎中庸無偏無倚斯可矣。

第四款　友情 Conjugateness

位置　此器在愛兒骨左右凸顱頂骨後隅之中央部。

發明　科爾氏因見婦人愛情深厚終始不渝者。此部頗形發育。因而發明之云。凡該部凹陷者。均缺乏愛情友情者也。

作用　此器發育者。男子則重友誼。女子則保貞操。卽男子亦鍾情一婦。夫婦愛情。永久弗渝。世俗輕薄者流。時詠破鏡嘆者。僅因戀慕關係而相合也。卽戀慕非永久不衰者。必與友情相輔。乃克保恃夫婦間之圓滿。故又名曰婚姻才智。

現象　此器與愛兒才智並行發育者。且推愛及於獸類。若女兒之愛孩偶。愛貓犬。均此二性相合之現象也。

效用　此器與其近接相連之戀慕愛兒愛鄉同爲發育者。其人家庭和睦。朋友親屬。均相好無間。蓋人爲交際動物。友情之存在。爲社會成立之根本義。而不可一日或缺者也。故缺乏此機能者。家庭親屬友朋間動行衝突。社會組織上所不取也。

第五款　愛鄉 Inhabitiveness

位置　此器位於友情才智之上部。與愛兒兩端相接。稍次於其上部左右。

議論　此才智在骨相諸家間。多有議論。斯貝爾哈母氏科布氏二者學說常相一致。科爾氏不認有此器發明之事。斯貝爾哈母氏曰。人於久居之地。及其鄉里。恆有固著愛戀之心。因而發明此器。科布氏所說亦然。蓋此才智性質較爲複雜。非一名詞所能表示者也。故茲以其特徵代名稱焉。

作用　此才器令人戀著其故居。其發育過甚者。雖加以誘導。亦不能使之移居也。此外仍含其他作用。科布氏云。知覺想像之經過變轉。宛如逝水。一瞬即時移境遷。人之常情也。而此器之發育者則恆異於斯。試令其演述一事原委。輒不能分條列敍。亦不知窮源竟委。惟連綿反覆。令聽者厭其繁絮。而彼仍不已焉。此其故或不與愛鄉才智相關聯。據著者多年之實驗。歷經考察。雖愛鄉者之才智。而不能確信其與固著性質為同一器也。

結果　此才器之發育者。背離鄉里之後。思鄉不已。形諸夢寐。甚且釀成病症。殖民他國者。恆生之現象也。去故鄉為日尚淺者。輒思鄉不已。幼年兒女。每罹疾病。且非僅人類為然。動物亦然。犬之能歸故里。鴿之歷返舊巢。均此才智之結果也。

利害　此才智之利害。關係於社會國家之繁榮消長。如某國人因愛鄉心過度之故。殖民政策一無成功。國家亦日形退步。其弊一也。閩粵人因愛鄉心缺乏之故。雖無國家後援。亦能冒險遠征。成巨富。而其中之過甚者。輒有忘懷故里。寄籍他國。永不返國者矣。論其利害。亦難一概論之也。夫永守田里。能勤貨殖。以謀子孫繁榮。圖社會利益。固屬甚佳之事。但人民於此。每傾於保守退步。無遠謀大志。乏冒險精神。終於田舍翁而已。又何以期國家之發展乎。故此才智。男子以小爲貴。女子以大爲佳。蓋此才智與情愛愛兒友情相關聯。簇居一部者也。

第六款 繼續 (Continuity)

位置　此器接續於愛兒。突起於自尊之下部。故與愛兒才智共同發達。則二者相合。成俗諺所呼之才槌頭。若僅一部發育者。成俗諺所呼之後頭。

作用　此器作用。主有耐性。若經營事業。必自始至終。努力不渝。男女二性之間。女子較爲發達。試觀紡織裁縫刺繡。雖不需時甚久。非有繼續者。勢必中道厭棄矣。至於感情之繼續。亦以女子爲久。一念之忿。輒及終身。悔於婦人見之。

此器共愛兒友情而爲發達者。當遇愛兒死亡。輒悲痛連日。中人服親喪三年。西人發明機械。數十年如一日。或執一業終其身。均此器發達之作用也。其發育不良者。每營一事。輒始勤終惰。訖於無成。與人契約。過則忘之。第缺乏繼續才智。亦有能熱心執一業。不生厭倦者。斯則賴連接諸才智之引導援助。或以教育助成之者也。其誘導才智。屬諸剛強自尊。即不屈之精神。及忍耐勉強也。

現象　此器發育小者。與人言輒左右顧。不堪長坐。往往離席。讀書時不依次讀完。開卷繙讀數頁。更越次而觀結論。終不能讀畢全册。學生中無此才智者。喜遷移學校。迨青年已過。仍不能卒業一校。此著者之所實驗也。故有教育之責者。宜養成學童此種習慣及忍耐力。使專攻一業。卒以有成。誠屬要務也。

第七款　爭鬭 Destructibleness

位置　此器居頭之後部。稍居耳部之上。解剖學上在顱頂骨之後下隅。時有延及耳之後方者。

發見　科爾博士。常就嗜爭鬭之人多名。查察其頭部而發見者也。斯貝哈母氏。論述此種機能。概爲基於義俠敵愾。

作用　人生渡世。困難危險。所不能免。故必須具有百折不撓之決心。奮身殺敵之勇氣。斯則居此優勝劣敗之宇中所宜獎勵武勇。此爭鬭才智之爲要也。蓋欲排斥障害。保存一身生命名譽財產。非此才智不辦。在下等動物。日夕以爭鬭爲事。人類中之野蠻人種。亦日事爭鬭。至於高等人類。爭鬭恆鮮。此何以故。則以道德謹愼名譽諸才智抑制之也。然當正義之前。慨挺刃而起。或爲國捐軀。或捨身救父。所謂見危授命。臨難勿苟免。均此志也。

利害　此才智屬諸動物通有才智。較高等才智發育綦速。放任之時。自形發達。設無他道德才智抑制時。每因細故罹於刑辟。故抑止之誘導之。均教育家所有事也。如軍國民教育非發揚此才智。無以振尙武之精神。而宗教教育又須除去爭鬬才智。乃能主張無我之愛也。

疾病　此器罹病時。輒爲猛烈擾亂之瘋狂者。往往加害他人云。

第八款　殺戮（Combativeness

此器居頭顱兩側。耳之前面由前稍及後部。且微出耳項部。第二十三圖爲此器之大者。第二十四圖爲此器之小者。

發明　科爾博士。初就肉食獸類比較之後。更受法庭委託檢查罪犯頭顱。研究之餘。此部均見突出。因發明此才智云。

現象　此器之大者。激怒怨恨憤激諸才智。均形發達。且性嗜殺生。猛

第二十三圖

第二十四圖

獸因此之故。殺異己以供己身營養。人類亦殺動物以供食用。均此通有才智之結果也。第人類同種間無相殺戮者。則因道德諸才智爲之抑制也。與此才智相對者。爲愛生才智。亦屬動物通有。弱之遇強。輒遁而求免死者。均愛生之故也。由是觀之。造化爲使保全己之身命。予以愛生才智。又因供給其營養之故。而予以殺戮才智。如動物中之乏殺戮性者。不肉食而餌草木鳥類亦然。人類之屬肉食動物於否。固當別論。而其具有殺戮才智。則徵諸東西史乘。恆以戰爭充滿簡編。非其例耶。

效用　此嗜好當以高等倫理抑止之。而使之運用得宜乃可。如當國難之時。或正當防衛之時。均宜利用之乃可。

異說　科爾博士及斯貝哈母氏。則認此才智與愛生才智為一器。非別具位置於頭部也。哥貝哈肯氏及賀鏗博士。則認分為二。才智科爾氏等之說。以為殺戮之反面為愛生。一才智而具二方面者也。平時則為愛生。激憤時則為殺戮。恰如人在泰平之世。莫不自愛其生。汲汲營衣食。一旦遭逢敵國外患。敵愾奮發。忘身殺敵。以救國難。莫非此才智之異其方面者也。然著者則贊成哥貝哈肯氏等論旨。蓋據著者實驗數百人。耳後突起之愛生骨。莫不具備。且一才智決不能為二用。矧極端相反者耶。

第九款　祕密　Secretiveness

位置　此才智位於顱頂骨下隅。卽腦側面中央。殺戮才智之上部。

發見　科爾博士曾目擊友人某氏。性巧詐。好為偽言欺人。而此器部分甚大。又見學友某氏亦然。其居常態度。恆如貓之捕鼠。然甲居心正直。唯有謊言之癖而已。乙則無道德心。詐僞反覆欺其友。欺其師。並欺其父母云。骨相家輒以此決定爲眞例焉。

利益　具此才智而更爲道德謹愼諸才智所抑制。使行規於正。則處世上利益不淺矣。如營商者。無此祕密才智。往往洩漏商機。無由獲贏利也。以之當外交軍政亦然。且刑法上訂有專條。洩漏外交軍略上祕密者國有常刑。亦足徵祕密之爲要矣。故此器之發育微弱者。必過於正直。不期而露眞情。爲人所乘爲人所欺罔。以致失敗。世不乏其例焉。且此才智亦通有才智之一。動物欲全其生。狡兔且營三窟。況人也哉。

弊害　此才智非爲人生處世所必須。而亦不免有害。其過度者。輒爲詐欺虛僞猜疑嫉妬諸惡德。與貪慾共發達者。則爲竊盜爲騙拐。而尤以無學之婦女子爲可患。家庭之不和。每基於此。

疾病　此器罹疾病時。多爲詐欺性癡狂。以詐欺爲本分。爲善行。若顛狂患者。自信其言行爲當也。世諺稱詐僞才智非關智慧。洵然。著者友人有患此疾者。其詐欺方法之巧妙。非常識所可企及云。

第十款　蓄財 Acquisitiveness

位置　此才智居顱頂骨下隅。祕密骨之前。稍居上部。

作用　此器之大小。與其財產慾望之大小相準。亦屬動物通有原基才智之一。服吉賽令氏布侖氏曰。財產之爲物也。不過爲使人性嗜好喜樂滿足之媒介耳。當人智未開之時。其知覺此事與獸類無異。仍須與其他才智相依相助。始獲完全發達也。而認此蓄財才智爲原基才智之一者。爲羅德加美氏。其定此名稱也。亦猶見人之遊獵殺戮禽獸。而於骨相上與以殺戮名稱。據此以推論之。如守財奴之蓄財。孜孜營營。唯蓄財爲念。如蟻之集餌。蜂之運蜜。又何以異。蓋其蓄財目的。非供消費之用。亦如下等動物。本其蓄積天性。而爲無意識之活動而已。

效能　蓄財使人積聚資本、以向上其地位生活。經濟學之根本觀念。亦不離夫慾望。人無此慾望。將終身困窮。僅足供其日常生活。不能向上其地位生活。

弊害　此器之弊害。若守財奴。為世所鄙陋。設名譽道德諸才智缺乏。則因金錢而喪廉恥。又與祕密才智共為發達時。則流為竊盜。均其弊也。世之教育家及為父兄者。宜導子弟使入於中庸。不濫費不吝嗇。斯可已。

疾病　此器罹病者。為竊盜狂。見人財物。輒思竊取。雖屢罹刑罰。終難改其習癖。均此器之罹病者也。世稱犯罪性人種、有先天性犯罪之說。殆卽此器之過度發達。亦道德才智缺乏之故也。第此種罪人終非刑所能濟。宜以精神治療為主。

第十一款　製造 Constructiveness

位置　此器居前頭骨之側。蓄財之下。爭鬬之前。因其他才智之連續。位置稍有變異。經驗之骨相家不難一目識之。

作用　此才智巧於手工構造下等動物中。亦有此等才智。如鳥類蜂屬之營巢。海狸之營家屋。均是也。而野蠻人類中。却有缺乏此才智者。其結構陋室。裁縫衣服。拙劣可嗤。甚有不能製一捕魚具者。新荷蘭人其一例也。

發明　科爾博士及斯貝哈母氏。見築造家雛形師彫刻畫工諸人。此部均甚爲發達。因發明此器。

議論　心理學者輒非認之。乃謂機械之巧。由於道理之結果。抑何不思之甚耶。試觀下等動物以及人類。其先天的無能者。往往見之。設以爲道理使然。則動物之具有性靈者。其結構必遠勝於劣等之動物。何以馬牛犬象。毫無結構營造之能。而鳥類蜜蜂海狸無血蟲類。轉具備此構造才智耶。斯則原基才智之有無。誠屬不易之論已。蓋人類之爲構造。必待他才智之援助。而後其所作之物。乃具品位意匠風致。僅恃一種原基才智。則不過能爲單純之製造。千篇一律之才能而已。欲其於習得遺傳之外。另出新機軸。不可得也。試觀田舍木工。其製造雖巧。而方法則陳腐。無都會工程師建築之高尚優美也。蓋因無美術及其他才智爲之助耳。

效用　此種才智之利益。關係於物質進步者甚深。足以發展工業機械。增進文明。裨益國富。蓋自然界之原料。非加以製造之功。則不能有益於社會。社會進步之餘。人口增殖。衣食住之必要。愈以加增。欲望亦日進高尚。而美術品各種機械。武器。均須依次發達。以供人世之用。故自穴居以至今日。社會進步之現象。均製造才智之效用爲之代表耳。

此才智在感受性才智中有特點二。一則有益無害。二則無病症發生。

是也。

第十二款　食慾 Alimentiveness

位置　才器位顳顬骨側面。卽顬顬骨之下部。此器發育者。顳顬骨突起。

發明　因見猿類此部突起。繼見其食慾特甚因而發明。

機能　動物均由攝取食物而保其生存。自出生以來。凡百機能。其最先發達者爲食慾。但在同種動物中。食慾程度均有大小之差。究其原因。則基於才智之多寡。

現象　人類在動物中食慾最爲發達。蓋因社會進步。體育衞生之關係奢侈之作用使之然也。骨相上之食慾。含有多慾貪慾之意。且兼有食物好惡嗜好以及製造才智之意味。但食慾發達之人。飲食不論好惡。其有嗜好者。食慾必小。且食慾發達者。必精於烹調。昔人每輕視飲食。所謂飲食之人。人皆賤之。足見一般風尙。第須知衣食住三者爲人生最要條件。或且以此三事之精粗美惡。據以卜其時代之文明。詎不重歟。禮經謂禮起於飲食。斯則食慾才智爲人世之要圖。而不得視爲動物之下等才智矣。

疾病　此器之罹病者。起貪食癖。或嗜常人所不嗜者。如嗜土塊蟲蟻煤炭等類。均一種之精神病也。

第六章　感受性才智（意見）

此類才智因受關涉外物之感觸始爲發作。如遇恐怖危難而發顯驚愕才智。遇莊嚴境地則發見尊敬才智是也。然亦有出於自主動作者。斯貝哈姆博士命名曰意見才智。蓋與一宗嗜好相連續而起一定之情意感動者也。著者從心理學說之名稱。命以悟性名稱。蓋悟性爲覺性理性二者間之動作也。此種才智分爲二類。第一類爲人類動物所通有者。第二類則僅人類有之而已。蓋嗜好多與情意感動動作偏向。

相須而發即悟性之數類亦有兼此二宗者。

第一節　人類及下等動物間通有之才智（第一類）

第一款　自尊 Selfishness

位置　此器位於頭後部之頂。頭後及頭項中間宛如弧線。此器之大者。頭顱該部。從耳上至後。形成隆起。二十五圖所示是也。此器之小者。如二十六圖是也。

第二十五圖

第二十六圖

應用　此才智應用適當。心廣體胖。氣力亦增。不羨慕他人。爲處世上至要之利益。若夫卑屈諂諛。巧言令色。決不爲之。處世能遵禮儀。不流卑鄙。自視甚高。而賤視鄙劣行爲。均自尊使之然也。此才智缺乏者。每因行爲之卑陋。爲社會所不齒。日本福澤氏云。獨立自尊。爲成功之基礎。此物此志也。

弊害　此才智發育過度。及無其他才智援助之時。在家庭則頑固執拗自恣。破家庭間之不和。在國民則無禮讓之風。侮慢鄰邦。起國際間之紛爭。或反上作亂。紊社會之秩序。知有己而不知有人。均其害也。

與他才智調和之現象　自尊與名譽調和時。或與謹愼調和時。均有節制自尊之效。反之而道德才智不與相稱時。則每譏誚他人。目無餘子。動物中之孔雀。當毛冠(自尊部)高聳。睥睨凡鳥時。足見其自尊之性矣。若夫世之怨世尤人之徒。自身復無慈悲才智。僅因自尊之故。偶不如意。輒傷害他人以洩其忿。或見舉世稱道之善人君子名高一世。而彼因嫉妬之故。輒摘誹語中傷之。自以爲快。總之此輩心中必舉世無一完人。滿天下無人高出其上者。乃私心以爲快也。

相法　此器在頭後頂部。一目瞭然能見之。其甚者昂頭後傾。舉動傲慢。每爲人所不喜。

衝突　此器之發育者。兩人相會合時。每因各不相下之故。必兩相衝突兩相排斥。若磁石之同極相反也。此器非僅人類有之。動物亦然。鳥類之七面鳥孔雀獸類之虎豹犬馬。均有之。故其衝突鬬爭至死不去。均此才智之活動也。悍馬遇己所不願之人乘之之時。輒踣蹶奮迅。終不前進。自尊之故也。

疾病　此才智之罹病者。稱曰高慢妄想狂。若瘋狂院中實驗所見。患者以帝王自居。或自稱爲神靈。均此類也。通例此種疾病。男女間以男子爲多。

第二款　名譽 Approbativeness

位置　此器位於自尊之左右。其發育大者。頭後上部。甚形飽滿充實。

而無繼續才智共爲發達之時。則形成扁平。頭項成銳角。

機能　此才智屬諸名譽及具有希望他人嘆美頌讚之慾望者也。故其機能之發動正直者。有廉恥心。社會上道德風教賴以維持於不敝。其感覺大者。視品行名譽重於性命與道德才智共爲發育者。爲詩人軍人政治家時。必能與其優良才智。並行不渝。唯在下等動物中亦有相當之發育者。如孔雀仙鶴見人賞美之。恆翩翩起舞。犬之遇人愛撫。輒歡躍不已。進至野蠻人類。且施裝身之具。或高聳羽冠。均名譽才智之故也。至文明社會。其名譽心愈重。士農工商各界。均因名譽之故而發達競爭。衣食住居。競尚華美。若政府之賞勳酬庸。亦屬名譽之一種。故名譽才智。爲國家社會進步之原也。

利害　此才智而無他之高等才智以相調和相抑制之時。則流於輕薄。習於虛榮。或驕傲一世。甚至輕死生以殉無聊之然諾。均其害也。唯適當發達者。斯爲溫良恭敬之君子。科布氏云。此才智有數種作用。有使他人起快意之嗜好者。有爲交際社會之司令。見同人中有脫軌行爲。慨加以警告者。或抑制小利慾心之發動。如先人衆而發動。則可滿足其慾望。而能抑制之。以博得淸廉不苟取之名是也。或有當憤怒時。一思及將來之災害。遽行抑制者。或有遇人嘲笑。而能返躬自省改過遷善者。均是也。人當少年時代。此才智之甚爲發育者。胸無主見。顧慮人言。我之舉動得無受人譏刺耶。我之言語得無起人訕笑耶。戰競自持。終至不能爲一事。此種情態。同年友朋間最甚。故每見少年之放縱者。不懼父母之譴責。嚴師之訓誨。而頗顧慮友朋之訕笑。此則名譽才智之作用也。又見妙年婦女。因受世人嘲笑。慚愧至於無地自容。往往有羞忿自盡者。亦均名譽之作用也。故名譽心盛者。足以破壞其自主之心。至於與自尊才智共爲發達者。亦往往有之。然據實驗所見。世人每因二才智位置相同之故能互相抑制即以名譽抑制自尊之傲慢。以自尊援助名譽之無主義而性情劑得其平可見配合之妙矣若夫節所述缺乏尊敬謹慎名譽才智時則又當以教育方法節制之焉。

疾病及陷落　此才智之羅病者及缺乏者則缺乏羞恥之心甚且罹於刑罰夫人無廉恥心教育亦難奏效更無從利用賞罰也故此類之人爲社會害者甚至即監獄之懲戒場亦窮於處置僅能以饑餓苦痛恐嚇之而已每見乞丐無賴等爲人嫌惡爲人侮辱而彼毫不感愧怍者均此類也。

疾病　此器之羅癲狂病者男女間以女子爲多蓋男子之名譽才智。較女子作用爲活潑也此類患者非若自尊患者之大言不慚傲睨不遜僅誇稱自己容貌之美或才能之高行爲之善喋喋不休而已。

第三款　謹慎 (Cautiousness)

位置　此才智位左右顱頂骨之中央。

發明　科爾博士因見狐疑不決及恐怖警戒過甚之人。此部均形突起。因發明此器。後經數數試驗。均確切不移。蓋此器最易爲觀察。一見卽能判識。而於精神感覺上。如此器之確定不移者。亦甚缺也。

名稱　有以恐怖爲由此器而起之才能者。頗屬可疑之事。據著者觀之。恐怖却因此才智而起可厭之感覺也。蓋吾人原基才智中。若恐怖之可厭而苦痛之感覺。未之或見也。若夫謹愼才智之中。含有幾分恐怖性質。第係欲事之安穩妥實而爲注意預防。非絕對具有恐怖意味。而轉當恐怖心減退之時。此注意卽爲預防警戒。非同時並起而成之作用也。據著者多年實驗。並未曾於原基才智中。發見恐怖才智。僅於驚愕愛生骨中含有此種分子。於謹愼中亦含有之。若西歐各骨相專家。名此器曰恐怖者。斯則不免措詞失當。至於以先見警戒等名詞命名時。則又變成一種知識才智。蓋此才智非先見。非思慮。非警戒。不過屬諸一種感覺。使知識奮起。籌萬全之策而已。故以謹慎命名。頗爲妥適也。

作用　此才智之大者。爲人怯懦。遇事輒起恐怖。時於睡夢中。亦有感生恐怖者。或於睡夢中。被恐怖之感覺所刺擊。均此才智之作用也。第此才智屬諸謹慎機能。與下部祕密才智相合。則能謹操守重品行。能在他人前。守其祕密。或與後部之名譽才智相合時。則整威儀。守禮節。若有自尊而無謹慎時。則傲睨疎狂。目無餘子。若與尊敬合致時。能尊敬長上。必敬必慎。若僅有謹慎者。則過於小心。流於怯懦。非良才也。第與自尊名譽祕密及其他道德才智相合致時。殆世所謂謙謙君子。溫其如玉者矣。

疾病　此器之罹病者。亦時有之。無故而覺災害之將臨。有憂慮不已。

繼以自殺者矣。試檢自殺者之頭顱。此器均過度發育。希望之器甚小。而殺戮之器甚大也。遽遇恐怖。則精神非常擾亂。而成神經病症。世人之所知已。此類之人不須有眞正恐怖事臨其身。但戲爲詐言使之驚愕。卽足引起劇甚之顚狂。世間此例甚多。均謹愼才智過度發育。而無高大希望諸才器以爲之調和者也。

第二節　人類特有之高等意志（第二類）

前節所述諸種才智。骨相家認爲動物通有者。本節則述人類特有之高等意志。屬諸此種之才智。均位腦之上部。唯人類有之。其他動物。均付闕如。第據最近骨相家言。則謂此中之模擬才智。動物亦有賦與者。此外則慈悲才智。據骨相家近日解剖之結果。亦云有之。第著者未能確實證明。暫附諸存疑之例焉。

第一款　慈悲 Benevolence

位置　此器位於前頭骨上部。前頭項中央髮際上部。識別甚易。此器大者。如第二十七圖。該部圓形隆起。小則如第二十八圖。前頭低下而扁平。

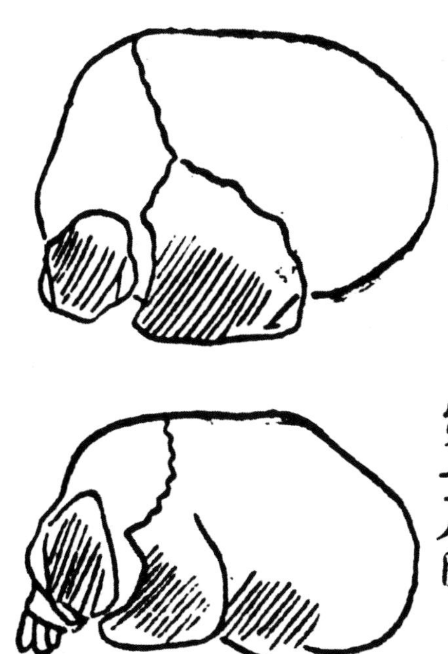
第二十七圖

第二十八圖

作用　此才智之作用。性仁惠。好施與。見人之困苦艱難。輒垂憐憫。欲抑制而不能。救濟懇切。用心周到而不欲人知。非名譽心作用之僞善之比也。佛祖起濟度衆生之宏願。說法亙四十九年。忘己身之苦痛。其初念絕非名譽使然。乃慈悲作用也。試觀寺刹佛像及高僧頭骨。此部均形突起。可以見矣。若此部缺損者。漠視他人苦痛。毫不關心。若夫殘忍之性。則當屬諸殺戮才智。第此部甚小而殺戮才智更形發達時。方見殘忍行爲。不知抑制耳。試檢兇犯哈來氏頭骨。復徵其行兇時之態度。見人號泣痛苦。漠然無動於中。此其一例也。又有惡漢波爾克者。亦屢行殺人。第當其行兇也。必在大醉之後云。（二十八圖爲哈來頭骨）二十七圖爲慈悲發育之甚強者也。蓋慈悲爲良心之原基才智中最切要者。政治家而具此才智時。必爲良吏。法律家則爲良司法官。宗教家則爲良宣教師。第無道德智識相調和時。往往成爲婦人之仁。或流於柔弱。施與不得其宜。轉受其害。至於不辨以道理。妄施濫與。往往行爲矛盾。均其弊也。世之骨相學者。每云慈悲殺戮不能合致。第以著者實驗。往往此兩性并行而不相悖焉。卽仁惠之人遇不如己意之時。輒忿怒遠過於常人。如古之義人俠客。因慈悲之念而救人。因救人而行殺戮。均此意也。

第二款　尊敬　Veneration

位置　此器位頭頂中央下部爲慈悲。上部爲自尊。正面突起。

發明　科爾博士因見謙抑之人及信仰家。此部均甚發達。因發明此器焉。試觀誠虔僧侶。及寺刹佛像。此部莫不突起。吾人瞻仰之餘。輒起頂禮之念。蓋尊敬之念相感召也。

作用　此才智之作用。令人對於威嚴壯大善美者。引起尊敬之心是也。耶教之服從上帝。佛教之皈依佛祖。學者之信仰眞理。均尊敬才智之作用也。每見佛像及高僧之像。此器及慈悲才智。與後節所述之剛強才智。莫不突起者。足爲骨相家之鐵證耳。

此才智與自尊成正反對。乃卑己而尊人之意也。故尊敬之性大。而自負性適中或較小者。則視他人行爲均較己爲優。縱己身有良好之意見。亦不惜捨己而從人。蓋尊敬者。服從之意也。國民缺損此類才智時。社會之秩序將紊。反上作亂之徒生矣。第人之性格。自己毫無意識。惟他人之說是從。側身社會之中。亦復毫無意味。宜與仁惠慈悲自尊剛強諸才智相互調和。乃為美也。

尊敬之第一旨趣為宗教。以純粹高尚之信心為基礎。蓋離尊敬之性。則信仰不深。若世間婦女燒香禮佛。非有純粹信仰之心。為求自身幸福而已。何有於尊敬之性哉。

疾病　此器罹病時。成信心過度之顛狂者。科爾博士及斯貝哈姆氏就瘋人院中妄信顛狂患者多數實驗之餘。該器均甚為發育焉。

第三款　剛強 Firmness

位置　此才智位於頭頂之中央。尊敬才智之後。

作用　此才智具一種特徵。科爾博士認此為非性癖。當屬能力之一種。即堅忍而有決斷之謂。故乏此才智者。狀態思慮。近乎嬉戲。斯貝哈姆氏云。剛強意識二事。每有誤認為一事者。蓋此才智之大者。重然諾。

一事當前。是非立判。或云予願此事。或云予不願也。是語係表示決心之天然言語。非可稱爲意識之一也。且此才智爲剛直持久決心所從出。其發育過甚者。世所謂頑固不化者也。每見小兒性質執拗。不受教訓。此才智必甚發育。夫剛強作用。毫無關於身外事物。而感觸每寓精神之中。且於諸才智上更多堅忍之性質而已。如爭鬭才智而再有剛強才智發育者。則其爭鬭決心愈甚。公明才智而有剛強才智時。則愈堅持操守。不屈不撓。均此才智及於其他才智之作用也。若自尊性而再加以剛強時。則其爲人頑固不化。拒諫飾非。第此才智全然缺乏之時。其人必意志薄弱。決心

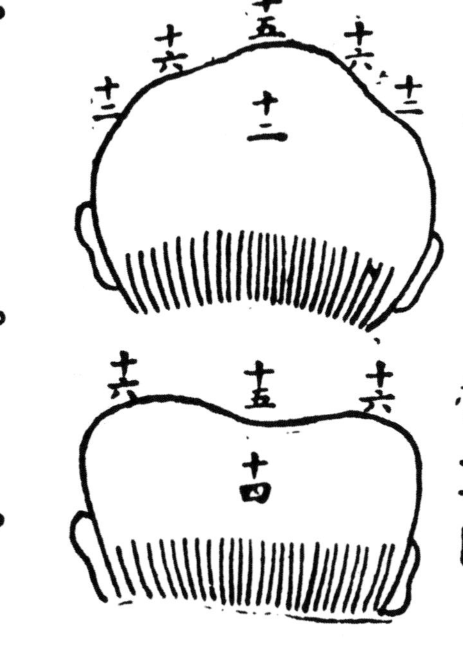

第二十九圖

第三十圖

鮮少。若第三十圖。為西婦頭顱。因住居不能決定。每年移家至數十次者。但尙有公明才智所居之屋租。定期交納。未曾誤期一次云。據著者實驗。奕者握子沈吟。數十分鐘不能下一子。蓋決心欠缺者之徵也。

應用　此才智之應用。在社會各方面。若軍事若政治若司法。及種種需決斷心職務之人。均屬切要。商界亦然。蓋此才智之動作。有二方面。一為決斷心。一則為頑固也。

第四款　公明 Conscientiousness

位置　此才智位於剛強謹愼二器之中。在剛強之兩側。

發明　斯貝哈姆氏發明此器。且應用於心理學及教育學。

論述　心理學者每謂知眞實與公義者。為天性道德上之智覺。此說諸家曾不一致。哈威氏及馬鐵來氏。則謂公義云者。不涉於私利之意所也。哈雷多氏則謂公義云者。由無限賞美之企望而被感動者。故屬於私利之意匠。此外如喇多氏斯吉利爾多氏及烏勞氏則謂非關其他之思想。而另屬諸起是非意見之一種才智云。蓋無此才智。則無擁護人道之心及實行之意也。東洋學者若孟子性善之說。楊墨性惡之說。互據例證。以相論難。其辭若甚辯者。但以骨相家觀之。性惡論者。僅舉爭鬬殺戮戀慕諸才智而爲之證。性善論者。又僅以慈悲友情諸才智。證其性爲善。今之心理學者。恆舉良心之說。而又不能區別立論。劃清界線。均無當也。斯宜研究各才智相互間之複雜現象。藉以證明心理。其裨益蓋不少矣。

機能　此才智爲辨別是非之一種原基才智。苟人無此心。則人道滅絕矣。如慈悲雖足引起仁心。而爲殘忍酷薄之才智破壞之。尊敬雖足以起人信仰之心。而爲無神論者破壞之。於是無理解公義是非之心。無辨別事物之力。人道幾乎息矣。惟有公明才智。彌縫闕損。人道賴以完全。以正義行仁道。以謙讓守禮義。均賴此才智之作用也。

此才智雖能引起公義之感動。而辨別公義。仍待智覺。如司法官之裁判犯人。必先聽取原被告雙方之辯論。而後為判決也。蓋此才智以嚴肅之態度管理整頓其他才智。非單獨以為活動。蓋無公義。則慈悲為婦人之仁。尊敬流而為怯懦。謹慎流而為頑固。此公明之判決所以必要也。且此才智不僅能制止吾人行為之過度。更能刺擊柔弱之精神。使之奮起。並能矯正性癖。使服從正義。如與友朋約束某事。既承諾矣。而當履行時。忽感與己身不利。輒遲徊不決。然卒能守信不渝者。此才智之作用也。又或於道路拾遺金。而卒能見利思義。返諸原主者。亦公明使之也。

此才智之必要也。既如上述矣。第骨相家年來經驗。此部之發育良好者。世間頗乏其人。及觀夫社交上種種人物之行為。每生江河日下之感。第後天的改良助長之法。可使缺乏公明才智之人。感知正義。以矯正其行爲。則教育尚矣。學校教育之倫理道德。宗教教育之勸善改過。均增長公明才智之方法也。夫此才智在奬勵正直誠信。其發育之大者。其理解是非善惡之判決力必強。以爲司法官吏。政治家。教育家。均良選也。

第世人每有對於此才智而加以誤解者。如有人於此。虔心信仰。誠實不欺。然偶因一時行爲之不善。而世人輒並其前此之信仰誠實舉以爲此僞善者也。欺世而盜名者也。一念之差。畢生莫贖。但亦有難以如此斷定者。蓋彼之虔心信仰。仍如故也。唯因公明之缺乏而良心上之判斷力不足故耳。苟具公明才智。必能訴諸良心。賴以判斷是非。而無不正之行爲矣。

此器之發育。人種間輒有差異。卽文明人種。道德高尚者。此才智亦必甚大。野蠻人種。此才智均形不足。蓋此才智屬全腦中最高等之才智。足以測知國家社會文明之程度。而人類之賢愚。亦均以此判定之。

第五款 希望 Hope

位置 此才智位於慈悲之兩側。一半居前頭骨之下部。一半居顱頂骨之下部。

發明 斯貝哈母氏發明之。而科爾氏反對之曰。希望云者。嗜好才智之一作用而已。斯貝哈母氏辯曰。否否。希望與嗜好不同。若罪人臨處刑台之時。嗜生活特甚。而希望不與焉。蓋斯氏確認希望爲一種才智。屢經研究人類性質而發明者也。

機能 此才智具足者。常希望將來幸福。日常處事生活。均滿足愉快。有暗室明燈。映照前途之感焉。凡此者。其人即偶遭蹉跌。亦不灰其進取之心。常覺自身運命。若礦山之有礦脈然。終有掘得之日也。第無智識抑制之。則行爲輕率。不免以失敗終。設與貪慾才智合致時。其人必嗜賭博。耽安逸。守株待兎之流亞也。殆無足取焉。

利害　此才智每以希望爲目的。決不灰心進取。較之偶遇差跌。輒自暴自棄者。大爲有用。蓋希望之反面。卽爲絕望。絕望之人。終無由得幸福也。斯則希望尙矣。故人生宜抱正確之希望。而存將來之樂觀。斯能奮起精神。不撓不屈。而底於有成也。

第六款　高大 Sublimity

位置　此器位於希望蓄財之間。與想像密接。

機能　此才智與想像類似而不同。其發育大者。醉心高大雄偉之事物。觀夫山岳之崇高。海洋之偉大。與夫造化之神奇。輒歡喜讚歎不已。此類之人。每不斤斤於細事。而以遠大爲期。其成功也。亦必能收偉大之果。若商人希望一擲千萬。偉人志在兼併天下。均此才智之積極行爲也。

利器　此器設與想像希望合致。而缺乏之比較原因。則其人一切事業。均成空想計畫不能實行。而自身則確信之。第此器亦爲有用才智之一。苟缺乏之時。終難成偉器也。學術亦然。無此器者。卽無理解形而上學術之能力焉。

第七款　驚愕 Spirituality

位置　此器位於慈悲兩側。其間則嵌入模擬。

發見　科爾博士因每日擊見幻像愛虛想而好怪異者。此器均發育甚大。因發見此器焉。

機能　此才智之拔羣發達者。有好嗜異聞之癖。而尤愛聽可感可驚之事。閱覽書籍。亦喜閱怪異之書。若妖術鬼狐。怪異劇本。均好嗜焉。又或自身喜研究妖怪事實。以使人驚愕爲快焉。

余所知之一童。此才智甚富。及再觀其舉動。則最嗜奇說異聞。性復怯懦。而嬉戲時。轉好驚他人以為快。若匿暗隅。窺人行過時。突出使人駭愕等。均此才器之作用也。

疾病　此器罹病。好作譫語。發音奇異。人不能解。世俗所云鬼迷狐憑。均此才智之病也。若夫惑溺鬼神。或自稱神附。判人休咎禍福者。乃此才智過為發育。而他之知識性才智卻甚缺乏所致也。

實驗　愛德華愛羅克氏。名說法大家也。當其盛名未顯之前。科布氏付相其頭骨。發見其驚愕自負二才智超越羣衆。既而愛德華氏聲譽鵲起。為一世名人。乃知此二才智之發達。足為其畢生榮譽之基礎也。據當時記錄。彼之骨相。驚愕自負之外。慈悲、公明、尊敬、及知識性才智。亦均發育良好。頗具宗教大家性質之自然成分。第因驚愕及自負發達過甚之故。使其他才智。均被抑制。歸於無用。甚屬可惜。蓋此器之一般作用。雖已確定。至心理學上之微妙作用。尚未完全也。據著者實驗。月僧熊嶽者。以魔術驚動一世。及觀其骨相。惟見驚愕一才智突起而已。其餘諸才智均未十分發育。故僅能使愚民惶惑崇拜。終無以進於道也。

第八款　想像 Ideality

位置　此才器位置頗傾下方。居前頭骨中。顳顬邊側。與驚愕密接。

發明　科爾博士檢查有名詩人頭骨。及物故詩人之塑像畫像。因以發見此器。經典記載。古人名論。均謂詩人之才。出於天稟。非可學而能者。故科爾氏發見此器。當時輒定名稱曰詩人焉。後經斯貝哈母氏改名曰想像。以此才智作用。非僅限於詩人焉。

機能　此器令人遊神玄妙。善譬而喻。其形容事物。每涉虛想。不爲境界拘束。藻采紛披。令讀者神移目駭。莊子大鵬之喻。釋迦須彌之說。降至遊仙之詩。三都之賦。與夫古今著述名家。雄辯大家。莫不有待於此活潑才智之援助。

試觀宇宙間各物。均爲想像上客觀的目的物。即吾人主觀生活。亦浴想像之恩惠。而常存希望之光明。設無此才智時。人生將無意味。與動物又何所異乎。故想像者詩的觀念也。美的解釋也。高尚的娛樂也。形而上之哲理文學也。反此則僅成物質世界。飲食男女以終其生而已。造化賦與此才智於高等人類。此其所以爲萬物之靈歟。

此才智奬勵趣味裝飾。宮室之造營。美術品之製造。詩歌之諷詠。圖畫彫刻之意匠。以及文學哲學專家。均必要焉。蓋具此才智者。風雷生於腕下。雲烟幻入胸中。其作品若有神助。非常人之所及也。此才智缺乏者。僅能爲平板之作品而已。著者實驗中有漢學家（日人稱讀中國典籍者）三人焉。甲乙丙中甲乙二氏。缺乏此器。丙則甚形發育。及觀其平生則甲乙二人讀書習字數十年。鑽研窮日。而其詩文僅能成句讀。字亦平平。且甚遲緩。世亦無稱之者。丙則習讀纔數年耳。而詩有七步之才。文具驚人之筆。蜚聲騷壇。羣以天才譽之。此非想像才智之功耶。

心理上之想像　心理學以想像爲基礎。而區爲發動的關係。受動的關係焉。受動云者。因語言之傳達。輙印諸心中。如在目前。發動云者。自身腦際。幻成種種景趣之謂。更分爲三種。卽科學想像。美術想像。實行想像是也。科學想像。爲學術哲學家之想像。美術想像則畫家彫刻家建築家音曲家之想像。實行想像。如軍人之軍略。商家之商略。政治家之政略。均吾人精神之內外想像而變化應用之作用也。

第九款　滑稽　Ridiculous

位置　此器在想像之前。稍位於下部。其發育甚大者。額面廣闊。

機能　骨相學者。關於此項研究。分析者甚久。故諸家論說。互有異同。而其主旨均以此才智爲滑稽愉樂之機能。毫無出入也。

人類有動作。動物亦有動作。至於笑之動作。惟人類獨有之。其感動。其結果屬諸一種特別動作。特徵至爲顯著。洗多吉博士論議最爲詳切。其言曰。滑稽之意趣。謂不相符合而又多少符合者也。故此才智之大者。理解滑稽趣味。凡事件一經其精神所注而來者。均帶有滑稽之分子云。加敦氏之說。則以此爲知識性才智。而非感受性才智。史可得氏更判別之。而以爲觀察才智頗具機巧。能理解類似之事。而與其餘才智異其作用云。滑德遜氏。更以此才智爲確定眞正事物者。據著者觀之。上述諸家之說。其立論方面各不相同。一物而觀察其兩面者也。第欲簡單述此才智之定義。亦此屬不易之事。蓋所含分子極其複雜。自其一面而觀之。遊戲而已。然再窺其裏面。實含有眞實意義。俳優之爲諷刺是矣。日本有說書者。以滑稽專門爲業。每比較事物長短眞僞以爲語。演者二人。一則莊而一則諧。一則矯爲聰明。一則假爲癡呆。扮演種種奇談誕語。令觀者捧腹。蓋世界有標準焉。有道理焉。其違反者。卽成滑稽。如有畫鬼臉以行於市。自身且不以爲怪者。然見者則哄笑不已矣。蓋爲不可爲之事。而平然處之故也。知其異同。而專表諸言行者。曰滑稽家。不知其異同。而表諸言行者。愚人而已。旁觀者亦然。辨知其異同。故笑。不能辨知其異同。則無可笑矣。循規守矩之人。並無滑稽形諸平時者。設具此才智。必能於酒後茶餘。得窺見其才智之發露也。諸家論說。亦僅以笑與不笑爲立論之範圍。惟斯貝哈母氏更從而解釋之曰。見事之不必笑而亦笑者。此器之作用也。笑之原因。起於情意感動。故此器爲起情意感動之一種原基才智云。

第十款 模擬 Imitation

位置　此器位於慈悲才智之兩側。
發見　科爾博士發見此部之突起者。喜模倣他人之行爲動作。出於天性。莫可抑制。
作用　此才智之目的。使幼子學成人後學者習得先輩之樣式而已。每見有名俳優。此才智均發達愈恆。故能模擬古人性質態度。且能悟得古人心思也。凡具模擬技術者。均有此才智。非僅俳優爲然也。畫家彫塑家。此才智亦大。
動物中亦有具此才智者。如猿之舉動。鸚鵡之音聲。均模擬也。
疾病　此器罹病者。欲爲模擬之心。勃然不能抑制。斯西那爾氏論文中。曾記述一癡呆少女之事。乃模擬才智缺乏之故也。
猿、鸚鵡、百舌、均能模擬。百靈尤奇。每發聲呼集他禽。而戲模擬諸禽所怖之某禽鳴聲。使之驚怖。故決定其有此器也。

第七章　智識性才智

世間動物。均藉此才智以知悉體外事物。及其精神動作。蓋其目的在知識物體之存在。而理解其性情關係也。斯貝哈毋氏區之爲三。一曰外知覺。卽與體外萬物相應接之才智也。二曰內知覺。卽識認體外事物。及其自然性情與關係也。三曰考慮性才智。而稱內知覺外知覺爲理解性才智。

第一節　理解性才智(外智覺第一類)

動物藉此才智。以應接體外事物。古昔心理學者。研究此事。頗費工夫。惜其言未能中肯。在骨相學未發明內知覺以前。世人誤以此智識爲智識之本源。卽在今日。擅長於此智覺者。亦均以智者目之。但此智覺爲內智覺之臣僕。僅與人以受性之感覺而已。此雖屬智覺之樞要。爲不可缺者。然其智覺之本身。毫無發起思想能力。惟發見事物之性情。

司報告之職而已。共計有五種。世所謂五官是也。曰觸覺。曰味覺。曰臭覺。曰聽覺。曰視覺。此外尚有二覺。曰飢渴覺。曰筋肉覺。所謂筋肉覺者。卽因筋肉重力及物質之抵抗而起之動作狀態。因而感知之感覺也。如盲者賴所持之杖。能感知固形物體之種類。卽此類已。蓋無此感覺。則不能保持身體之平均。質言之。則其身體之運動。不能適用機械學之原理也。在數十年前。杜麻思博士。已推測有筋肉覺之事。佳來斯貝爾氏。又從而證明之。脊髓神經。分爲二枝。繼復合爲一處。實則仍具兩枝。此兩枝之神經。一司筋肉運動。一司筋肉智覺。迨既發見證據。後此說乃定。而生理學說亦承認之矣。第其機能。潛在於腦髓中。非可以目睹耳。

第二節　理解性才智　（內智覺第二類）

第一款　觀察 Individuality

位置　此才智位於前額之下部。在鼻頂眉間。

能力　此器所以認現存事物者也。至於其他識認。若大小、輕重、色澤、等。僅分識其一種。或識其大小。或測其輕重。或辨其色澤。若夫綜合之。仍須一種才智。如目睹一馬。欲將其大小如何。色澤如何。輕重如何。一一識辨。須待其餘才智。此才智唯識認事物而已。故往往有與考慮力不相伴而爲發達者。若是者譬諸其人雖讀萬卷之書。而與不理解等也。且此才智之意味。猶名詞然。他則動詞形容詞也。蓋此才智之能力至於認識現存事物爲止。其物體動作方法。均非所知。若博物家之智識是已。其發育大而活潑者。能觀察微細物體。一經觸目。卽無遁形。且永存記憶。據此足知決非原於目力。蓋目光縱明瞭透澈。絕不能將一次映影之物。永存而不失也。心理學稱曰表象聯合。此器之小者。絕不能目擊百物。卽眼前物體。亦有不能完全辨明者矣。畫家之無此才智者。粉本臨摹。須一一模寫。非此則不能記憶也。書畫鑑定家缺乏此才智時須藉想像、比較、兩才智以爲之助。或僅從畫論上評定之而不能爲神通之鑑定也。至於此器發育之鑑定家。眼中自有規矩準繩。僞書贋鼎。一目之下。卽能聯想及之。以定其眞僞云。心理學上稱曰類似律記憶。或曰對比聯合著者。夙有嗜畫癖。屢與此中人遊。見其才智常相一致。而尤堪奇異者。莫若某古玩商人。其技通神。而胸無點墨。其鑑定書畫也。非從畫論筆勢落款諸項推考。但從眞者著想以比較之而已。此外又有某氏。天性癡呆。而獨長於鑑定古玩。亦可異矣。而究之均此才智之發達者也。

此才智之範圍。不僅能觀別物體。而又能觀察人之性質。如名譽、仇怨、智愚等事。故商略軍略交際。及識別一切權謀詐術上。均爲有用。刑事偵探亦然。

此器雖已判明確定。至於心理學上之分析。頗多考究餘地。容於後編詳述之。

第二款　形容 Figure

此才智在鼻骨兩側。兩眼之間。其大者兩眼間甚廣。鼻柱扁平。其小者兩眼間狹。而鼻骨突起。

發見　科爾博士。因見人有偶識一面。或僅瞥見一次。輒終身不忘。仍能識別其形容者。因發見此器焉。賽羅吉第三世之半身像。爲骨相學者考古品中之最好成例。因賽羅吉第三世能見人顏面一次。終身決不忘却。以此有名於史。爲世人所知也。陶愼德者有名之弓術官也。亦具此才智。蓋其職業上切要之才智也。

機能　世界萬物。千態萬狀。至不一也。造化故賦與人類以此種才智。蓋使理解萬物形狀。以適其生存。此才智之大者。雖屬繪圖家必要之分子。而其完全者。更須製造之才智。蓋森羅萬象。莫非娛目賞心之具也。此才智之大者。其言語思想。常不離於形狀。故礦學結晶論者之專門家。頗具此器。有名之比較解剖學家古威爾氏。此才智亦頗發達。丁加得氏評之曰。古威爾氏之記憶。以關於事物形狀者爲尤著。若動物形狀。若圖畫之分解臟器。一經寓目。永無遁形云。

就諸物之類似者。互相比較。而爲記憶之用。此器之大者。有好整容貌。飾外觀之風習。婦人此器發育者尤甚。且喜與同性情者交遊。男子則犀宇什器。必整然修潔而美觀。尤喜彩色之繪畫。及靡麗紛華之什器焉。均形容才智使之然也。

第三款　大小 Size

位置　此才智位於兩眉內端。與觀察相接。

必要　宇宙萬物。莫不有大小面積。均以此才智識別之。

效用　理解大小亦屬吾人運行動作上所切要者。蓋所以保持安定也。若無此器。則不能識幾何原理。不能繪圖測遠。賚維吉婁堅提氏曰。此才智乃司辨識各種物體之面積長短廣狹厚薄高下淺深遠近等。質言之。則為辨別空間者。頗與辨別時間之才智相類似。蓋人類辨別大小能力之度。頗有等差。如某甲善測距離。某乙能算面積。某丙乃不以規而成圓。且能一目指定圓之中心。精密無誤。均是也。此才智之應用。如射擊之測定標的距離。使能命中。及夫見敵礮烟起處。估定若干密達。此類專門軍事家技術。一由於機械應用。一則由於經驗練習。而其間有先天的長於此術者。亦有無論如何操練。而終拙劣者。均此才智有無之關係也。心理學上亦用種種方法研究此項。或云目之習慣。或云心理的幻像。實則大小之原基才智之所致也。據著者實驗。曾見石工之築牆垣矣。其巧者一觀石之大小。隨手補置空隙。能大小適合。

密著塡充而無誤。其拙劣者幾經試驗。或測其尺寸。終不免於削石費工夫也。同一工事而甲之成功優於乙者幾倍。於此可見大小才智爲此類職業之切要才智也。

第四款　輕重　Weight

位置　此器位於眼窩上緣。與眉部相接。起自鼻梁。

作用　此才智之機能。據著者實驗。須與大小輕重色澤等才智。互相援助。始見效用。又須訴諸觀察才智。而效用始全。故常羣集一處而突起焉。至於單獨發育。殆無其例也。

科布氏曰。善射及投壺者。與有運動器械之能力者。以及擅拳術者。曾經屢加實驗。近接大小部分。均甚發育。殆卽此才智也。蓋觀察大小輕重居所之器甚大者。均有築城學及機械力學之才能。而尤嗜種種機關器械。此外若善走冰上者。亦於觀察大小輕重居所諸才智。有相連合者。蓋善走冰上之人。巧於調和平均體力之輕重也。西布遜氏研究此項。頗具功夫。氏之記錄中。記載有名機械學者。建築家此器均甚爲發達。其例甚多云。賽母斯瓦德氏半身像此器殊形突出、又凡嬰兒學步較常人迅速安穩者。此器必大。據此以觀此才智。蓋與動物人類生存上。以保持平均之力者也。著者實驗中亦均如上述。在鄉間時。偶見運搬奇形巨石者。一見卽能估中其重量。亦此器之力也。

必要　輕重之爲形容也。在諸物體性質之中。與其他性質有異。蓋輕重根據於地球引力。引力之度。因物體而不同。故凡人之運動。物體之安全方法。以及人類生存上。均緊要而不可缺者。有此才智則能辨別輕重。此其所以爲要也。

第五款　色澤　Color

位置　此才智與大小輕重相並位於眉之中央。其發達者。眉梁凹下。凹處能容一指。小者眉梁平扁。從上引一鉛直線。則可通過眼球。

必要　凡物體之所以爲人識認者。以其具有色彩故也。繪畫家以彩色顯出森羅萬象。無非色之配合而已。此才智實司之。

作用　此器具有鑒別顏色之才能。凡色澤一入彼眸子中。非單爲無意識之映寫。彼蓋具比較色澤之能力。及色之調合。尤爲天性所特長。試觀世間古今名畫師。此器均大眉成穹窿形。若魯亨氏吉江氏均然也。

效用　人類天性。莫不具此才智。第有大小之不同耳。天壤間花卉禽鳥之彩色紛呈。既足供吾人之觀賞娛樂矣。猶以爲未足。更爲種種華麗彩色之美術品。以陶淑吾人性情。心理學家研究色澤一事。擴爲精神思想交通上之一種作用。骨相家則謂此色澤之娛樂。所以滿足吾人身體上之一器者也。第著者於此。不能與以同意耳。色澤固屬一種原基才智之發露。然卽以之爲供一器之愉快。則又非也。此才智司鑒別色澤之任而已。人莫不好顏色。故有色之必要。而造化亦特設此器。以爲吾人精神之助也。吾人肉體本身。或有好色之力。第此非獨人類爲然。動物所同具也。鳥獸均具彩色。以供同類之娛樂。如孔雀之珍重羽毛。自以爲誇者是也。人類之好色澤。殆與他之諸才智互相扶持。以起愉快之精神是已。

疾病　此器罹病時。每與一種精神病俱發。以無形爲有形。以赤色爲青色。甚有見水而以爲火者。危險症也。心理學者名之曰色盲。但色盲另有一種。與此不同。著者頗思專門研究之。以供患精神病者治療之一助焉。

第六款　居所 Locality

位置　此器位於觀察左右。稍居上部。

發明　科爾博士研究博物學之際。輒捕禽鳥以供參考。因見同學友人中有特巧於設置捕具及覓鳥巢者。而己則拙。乃發見此才智為一原基才智而名之曰居所。

必要　塵世萬物舉在空間一部。以定其居、蓋萬物莫不各從其物性。辨識其居所方向以及其往返之徑路。則此才智尚矣。苟無此才智。則塵世擾擾。萬屋恢恢。舉臨歧而悲失路。鳥不能歸其巢。鼠不能入其穴矣。即如吾人旅中徘徊新都市之交衢。欲尋歸旅邸之通路。所費之思索力。即此才智之應用也。於此時也。每思及家屋形狀及道路之位置。或記其街名門牌。或名曰記憶。第此絕非單純記憶所能包括。蓋人類萬物對於土地。特具一種機能。試觀動物中。牛類對於土地之觀念。甚為遲鈍、永年通行一路。而往往有忘途失踪者。犬馬則甚敏感所居之地。能記憶不忘。即將其載諸密閉器具中。遺棄數十里外。而彼能掉頭不顧。一直線歸其原居之家。即居所才智也。鳥類中之鳩。亦具一種住所才智。軍隊中每利用之。以爲通信之用。蓋此才智。往往與愛鄉才智共爲發育。此才智之大者。足爲旅行家游獵家跋涉家之補助。若哥侖布氏若古克氏若哈爾克氏及有名之旅行家。均非常發育焉。此外製地圖以及幾何測量。亦屬必要。若牛頓氏等均然焉。蓋此才智之活潑者。足以考知萬物居所之如何狀況也。

第七款 算數 (Calculation)

位置。 此才智位於眉之外端。眼角。其發育大者。顴顬前方。充實而廣闊。突出眼下。其小者。眼及顴顬間平扁狹隘。

必要。 今夫數爲事物之切要關係。及其狀態。理解此者。須備一種特別才智。吾人生活維持上依賴甚切也。若無此才智。時或忘己之生年。

或不能計算銀錢。羣將以無能力者目之矣。科爾博士曰。此才智之名稱。係包括數之知覺。非僅算術而已。或定名曰數學的才智。而斯貝哈丹氏。則僅限其作用於算術代數對數比例式等。而幾何三角不與焉。

發見 科爾博士曾於維也納市近傍遇一九歲童子。始目擊此器此童子能以三指乘除十數或十一數。較之老練算術者用筆算計算尤爲敏捷。且另發明一種方法云。又維也納某教授。語科爾博士曰。豚兒不肖。惟性嗜算數。其餘科學。均置度外云。科爾乃比較二童子之頭骨。他部均不相類似。惟算術才智之一部。則二童毫不相上下云。此外於算數專家。屢經考驗。均得同一結果焉。著者實驗之樺匠舊。（數學著述有名大家） 此部頗示發育。又偶遇某烟店主人。此部亦特爲發達。因與之談。問彼數學才智如何。主人作色曰。誠然誠然。余幼貧不能就學。且鄉間求學不易。偶以歲暮暇日。遊於同鄉算學先生之家。先生戲教以算學初步之加減乘除。三日畢業。且能了解應用焉。先生大驚。稱爲天才。並呼其子而痛責其無能焉。此外實驗甚多。不遑枚舉。

第八款　順序　Order

位置　此才智位於眉中。居色澤算數之間。具此者好秩序整齊。處理事物。均能使順序。方法均就秩序。居室書籍。均整飭雅潔。其發育甚者。該部突出。有利且多。介且之大。云其不具者。性紛雜淩亂無次。俗所稱瀠獬之人。均發達者也。

第九款　記憶　Memory

位置　此才智位於前頭中心。其大者前頭圓形突出。前章所述之觀察爲名詞。而此則動詞也。觀察僅能理解現在事物。而記憶才智則理解過去事物運動變化也。故凡辨識事物。均不離此二種。非甲卽乙。現存事物以及新發見者。若人之談話、風起、夜已闌是也。而人、風、夜爲事物名詞。談話、起、鬨、則運動變化是已。科爾博士雖分此才智之種類。爲狀態記憶。居所記憶。實物記憶等等。似尚欠妥適。蓋記憶云者。雖不僅由記憶現事而知識。才智中均有其固有之記憶。若形狀才智則記憶形狀。色澤則記憶顏色。居所則記憶土地等。其他才智莫不皆然。心理學者名曰再認作用。而分爲三種程序。第一曰把住。保持一旦知覺之事物也。第二曰復現。一旦把住之知覺而再發現於知覺也。第三曰再認。至此乃成眞正記憶。故現事記憶。係指此第三次之再認力。而爲色澤大小諸才智應用其固有記憶。以印象於現事記憶之機能也。辨識事物。精神旺盛之人。其記憶觀察之賦與力大而且強盛。更有考慮以爲之助。則其人殆具有各方面之才能者。而爲社會之有用人物也。

作用　具此才智之人。在兒時已發育完全。成人之後。殆不見有加於前。試觀嬰兒面部眼之位置。在面部中央之下。年齒漸長。即次第移向上部。而眼居面部三分二之上矣。此其故。非眼之能爲移動。蓋下部發育。而上部則已成熟。前額依然如故也。於此足知記憶才智之先爲發達矣。觀察才智欲認識現在。而記憶則欲聞之而已。世界各國小兒均欲聞逸話故事。且記憶力優於成人。可見一斑。

要之。智識性才智。各存記憶於其部。乃屬諸依官能之作用。以刺擊腦部之記憶而已。非能爲一切事物之解釋記憶也。惟現事記憶。爲能綜合萬端事物而記憶之。且能於必要時而再想像及之。故全腦而缺損此才智時。他才智均失其用矣。

第十款　時間 Time

位置　位於算數上部。稍居外方。

作用　時間云者。由觀察經過之才智識別之一種事實也。世每有不觀鐘表而能確知時辰者。又有於半夜醒覺時。亦能認之。且能辨知時間之微細區分者。若音樂之音律。詩歌之調子。均記述此時間之關係及調和者也。其最發達者。身體手足。均有與時間調和之感覺。蓋此才智。文明野蠻人皆有之。舞蹈是也。蓋舞蹈以其動作與一定之時間一定之拍調相合而成。人類之外。鳥獸亦具此才智。鷄之報曉。犬馬知時。吾人所目擊者可以證矣。

第十一款　音調 Tone

位置　此才智位於時間之外方。使向顳顬之部成圓形。

作用　此器之大者。有辨識音調。及調和音調之力。此器小者。則不解音調且不好之。蓋音樂者。音聲之調節相連續之一種天然言語。而與頭腦中音調之器相關係者也。天稟才智之豐富者。能調製樂譜。發明樂器。及一切關係音樂之特別才能。

至於發育劣小者。世間亦常見之。若此類之人。初時即施以音樂教育。

亦能多少發露此才智之痕跡。唯終不能成名人也。大抵世人。此才器發育適度者居多。雖無音樂之天才。而亦喜聽音樂。蓋造物賦與此才器於人類。供人類精神上之安慰。卽下等動物。亦稍稍具此。以娛樂己身。而安慰人類也。如鳥類之鸚哥山雀八哥昆蟲類之金鈴子等。鳴聲具自然節奏者。均是也。

第十二款　辯舌 Eloquence

位置　此才智位於眼球之上。眼窩板處。此器大者。每致眼球突出。或陷入下方及內部。眼瞼每生皺襞。但檢查骨相者。須審愼區別。否則每易將由於此才智發育之故。與由於大小輕重色澤諸才智發育之故相混同。故宜區別觀之也。又眼球突出之原因。是否由於眼疾所致。亦須詳細檢查爲妥。

機能　此才智之獨爲活潑者。及與他才智相伴而爲活潑者。己身懷抱之考慮思想。輒思傳諸他人。情不自禁。每以言語發表之。

夫動物之具此才智也。僅以叫號表自己之感覺而已。至於以言語陳述自己之思想。惟人類能之。而人類當陳述其思想之時。每有遲速巧拙之不同。則其部分器官之作用也。此器官之發育欠缺者。其人必拙訥而不能言。故當演說講義之際。縱有深粹學識。亦不能令人共曉。爲可惜耳。人之拙訥者。雖能以練習使之進步。總不及先天能辯者之暢達。能辯者再加以練習。則可成雄辯矣。故具此才智者。咄嗟間之言語。筆記之可成文章。無此才智者。雖藉腹案草稿。亦終形格格不入耳。此外又有一種辯舌才智。乃好爲僞言。非必出諸有心。亦非爲有意欺詐之故。但信口開河。爲無意識之嘵舌而已。據著者實驗。此類之人。均眼睛突出者。設再無道德才智。而更輔以祕密貪慾諸才智時。其人將以念秧終耳。

凡器官因罹疾病之故。能證明其爲原基才智者。雖屬甚多。而未有如此才智之明顯也。蓋此才智一經罹病。則忘卻考慮中之言語。終無憶及時矣。據最近精神病理。則稱爲咽喉疾病。至於病狀。則在不能表示其思想。非僅語言。文字亦然。蓋失卻其表示意思之方法矣。而更檢查其他才智。則又毫無異狀。彼亦能爲文字。但象形塗鴉。不能表述其意思耳。後經解剖。果係此才智之部位罹病云。

第三節　考慮性才智

前節所述之智識性才智。在辨識事理。所爲事理者。卽事物及性情關係所受之變化是也。此外尚有二才智。據斯貝哈母博士之說。此二才智。蓋遇其作用能力於其他諸才智及意見者也。質言之。則裁判辨識性諸才智所起之諸般想像是已。蓋此二才智。常與他之諸才智以指歸與滿足。使自其中生出道理。卽起考慮分別之才智也。

第一款　比較（Comparison）

位置　此器位於前額中央髮際下部。而接連記憶之上。

發明　科爾博士曾遇一學者。以比喻及比較應用於推究論理。條理均能中肯。而此器殊爲發育。因發明之。

能力　學者之考究論辨事理也。必舉多項之類似事理。反復證明之後。而無不中肯者。始決定其所論確係眞實也。蓋各種才智。莫不有其固有比較。若大小才智。則大與小之比較也。輕重才智。則輕與重之比較也。色澤才智。亦有青黃赤白之比較等是也。惟此才智。則稍形異致。蓋固有比較。僅限於同種類者。若夫色澤與音樂比較。動物與植物比較。則非所與知已。故科爾博士主張此才智之能力。爲比較他種不同之事物者。斯可多氏則持異論。著者主張。與斯貝哈毋博士同。斯可多氏所論滑稽才智云云。雖亦具比較能力。而其範圍狹小。滑稽比較。乃心理學上滑稽美之情感。而比較則範圍甚廣。決不僅屬滑稽。說曰。人類無異於四足之動物。此爲直觀的敘說進化論之變則。並非滑稽。毫不足笑。但若有人以手爲足。倣動物之匍匐於地。則滑稽矣。故滑稽即在同一之比較。亦有幾分差異。但甚難區別耳。蓋滑稽才智。與比較才智。甚相接近。幾同其位置。二才智往往同時活動故也。但具比較才智之人。非必具有滑稽才智耳。據著者實驗。故大西祝博士論理學教授也。其比較才智。實特別異常發育。而持躬又復謹嚴。足知此才智乃司類似譬喻及比較者。而滑稽不與也。

效用　利用範圍甚廣。教育家宗教家莫不恃比喻以啓發人心。使易覺悟。蓋高尚眞理。而以淺近說明之。則非比較不爲功矣。

第二款　原因（Causality.

位置　此器位於比較之兩側。

機能　某心理學者曰。吾人不具原因之思想。唯見結果（卽蹠某事之後而續發之一事）而已云云。蓋吾人之見結果。爲實有之事。如震雷之時。各才智但知其將有發火墜落之結果而保護身命之心起矣。第須知吾人尙有第三思想。卽推究所以致此結果之原因究在何處。此才智之所自出。卽基於原因才智。而屬才智中之最高尙者。故世人每不及思想之耳。如愚民迷信鬼神恐懼妖怪。均無原因才智之故也。學問之進步。文化之開發。均基於此原因才智。諺云。生而知之者聖也。知之云者。知原因之謂也。詎不要歟。

此才智發育甚盛。而與比較合致時。則長於論理學與觀察才智合致時。則長於發明新理、新器。與想像合致時。則長於哲學。此外諸般學術事業之應用。莫不基於此器。實則人類靈妙不測之根原。由此才智而起。人類以外之動物。固絕對無之。卽人類中亦必文明人種。乃能發育盛大云。

性質　此才智爲智識力中之最貴重者。常在骨相學上分解其餘諸才智。故以此殿於諸才智之後也。

第三編　應用編

第一章　骨相學應用之目的及其範圍

骨相之學。既以歸納的事實與演繹的理論研究證明其爲眞確學理矣。斯則前述之總論各論二編中所反復證明者也。此編所述。則將以此實學應用於社會萬般。聊盡儷世覺民之任。使世人浴眞理之澤惠耳。若解剖學之應用於生理學。生理學之應用於心理學。而心理學則應用於教育諸學。均是也。第骨相學屬輓近所發明。通儒碩學每忽視之。故每闖焉而不精。習焉而不詳。幼稚之譏。所不免也。然其所具眞理。

對於各科學。亦未遑多讓。所望從事斯學之士。出其蘊蓄。以益世利人爲己任。而廣其應用焉。斯可矣。

骨相學之應用。有二法焉。一爲骨相學之實質的應用。一爲骨相學之形式的應用。實質應用云者。判斷骨相之才智間所起之現象是也。即各論所述。僅及各才智之單純作用。此則須綜合多數才智之複雜關係。而自由應用之。以鑑定人之性質是已。此可稱爲內容的應用。或實質的應用。形式應用云者。以骨相原理推而應用及於社會各種學術技藝。以及萬般事物。從而益之。此則骨相學之本來目的。實質應用不過其手段而已。稱之曰客觀的應用。或曰致動的應用。

第二章　實質應用以熟練爲必要

星卜之術。以靈機爲要。已於總論述之矣。蓋卦雖占中。而判斷不得其宜。非通神之技也。靈機云者。非指鹿爲馬信口開河之謂。必照前後事情與所占卦互相調和。而胸中則具有成竹。若此者星卜之名手也。易之占卦。萬人所同。其巧拙則在靈機。必無念無想。始可通神。此骨相學者所當知也。

骨相術爲相術。巧拙所不能免。如將斯書通編熟覽之後。不論何人。均可出而問世。相斷且百發百中也。世每見相斷與事實不相符合。而遽謂骨相學不足信。此則世人之誤。觀相者未熟練之誤。非骨相學之罪也。亦猶夫學得幾句湯頭歌訣。驗方新編。而遽懸壺市上者。其不致受庸醫殺人之誚者幾希矣。第須知骨相學與昔日星卜迥不相同。蓋其組織整然。有條不紊。有原理。有根據。無論何人。均可按圖索驥。如指諸掌。但須熟練耳。蓋才智間之關係應用。不熟練則易致誤判也。

第一節　腦髓有一定之分量

人非神聖。必不能全智全能。故人類之才智。亦必有所欠缺。於何證之。

頭腦是也。人類智能均蓄諸腦髓中。試觀人類頭腦。各不相同。著者經數十年之考查。尚未曾發見一完全無缺各才智平均發育之頭腦也。卽佛像中之如來。亦非正眞完全者。惟依其頭蓋之大小。及發育之方向。致才智有高下之區別耳。

人類頭蓋之大者。爲大不平等之發育。小者爲小不平等之發育。其原因或基於遺傳。或因母胎中作用使然。均先天所定。非人力所能及也。世俗迷信。乃謂嬰兒頭部之發育。由於枕之形狀。其說不足信也。蓋人在小兒時代。睡枕每不能左右相等。而人頭左右兩部之發育形狀。毫無相異者。足證上說之謬矣。今茲所當研究者。非原因而爲結果。且已從結果中發見眞理矣。

試以黏土揑作圓體。從上部壓之。則上部扁平。而四圍膨漲。再從左右壓之。則前後膨漲。此蓋分量一定之故也。若分量無限之時。則欲使某方膨漲。可加黏土於某方足矣。準此原理。人之腦髓。有定量者也。故欲使後頭部發育。則左右前面頂上。必形減退。欲使頂上發育。則周圍必形減退矣。第總論所述才智。非從其形體而生者。乃腦質從才智之方向而爲發育也。故才智向頂部發育時。後部左右必有缺損。後部左右發育時。前方頂部亦必有缺損也。蓋腦既有一定分量。必不能發育圓滿。乃具此現象耳。

吾人既知此原則。故當鑑定骨相時。從前面望之。可見後面發育之強弱。即如頂上左右突起者。後頭部必形缺損。頂部扁平左右突起者。後部必突出也。參觀前例。可知此中原則矣。故相人骨相者。經久熟練之後。藉照相一葉。能判斷其人性格。第其人之體質則須從毛髮測知之。

第二節　不可僅觀一部特徵遽下斷案

人之才智。既分爲三十九種。分布於頭蓋骨之表面。每部所占區域。不足一方寸也。難者曰人之才智既分三十九種。設其各才智之發育不齊。豈非人之頭部。凹凸不平乎。第一觀人類之中。決無如此者。均平坦齊整也。子又何說之辭。則將應之曰。人類頭顱誠如子言。均平坦齊整。彼所謂壽星頭者。將何所指乎。骨相學不云乎。才智以其類爲羣。以分據於各面。決無一才智單獨突出之理。其或偶有此事。必疾病所生之瘤。與才智無關。蓋大體之形雖異。而凸凹則決無此理也。然則骨相之學。非總合三十九才智。不能觀查而區別之耶。曰是不然。先須注重其大別之特殊形狀。卽如壽星頭等。亦各有種種不同之處。或比較之才智發育。或滑稽之才智發育。或記憶與比較均發育。而自骨相學上觀查之。則各不相同。三十九種之才能。歷歷顯諸骨蓋之上。世人之見爲不坦者。數器相聯而共爲發育之故也。是以觀查骨相者。須總合觀查之乃可。

鄰接才智間發育強弱之程度。亦爲鑑定時所當注意者。設見有額中凹陷者。則須留心鑑定其人。果屬記憶才智缺乏之故耶。抑觀察居所比較原因諸才智較記憶尤爲發達之故耶。此則不得以一器之特徵。遽下斷案。宜將其周圍諸才智之發育程度。而一一比較之。又非閱人已多胸有標準者不辦。

第三節　才智相互之關係

前節記述羣居之才智相互間。均有關係。非各才智單獨而爲活動。必藉接近二三才智之補助。始得成一種特性。各才智從其類以羣居者。職是故也。如前額眉間之才智爲大小輕重色澤順序四才智。其各個之中。雖各具其固有之才智。然自抽象的觀之。其才能獨逞而爲用者甚鮮。必四者相互而爲關係的活動。恰如建屋之木匠泥水匠。雖各爲分業。而必互相輔助。乃能集事也。設如欲認識一物體。第一映於目者。

其物之大小也。次則色澤也。再及其輕重。其位置。而後認識作用始告完全。故四種才智每相待而爲活動。因而各才智賦與之分量亦必相平等也，但其間少有等差耳。是卽四種才智。非爲一單位之才智。必區爲四器。而仍須近接之觀察才智爲之輔助。蓋觀察爲洞察事物表裏之才器。不能單獨活動。若將帥之驅使兵卒。以助其功者。譬諸鑒定古畫。非觀察才智不辨。然必先由大小才智以觀其闊狹。再由色澤才智以觀其著色。復由順序以詳其位置而後可鑑定眞僞也。故觀察才智與此四才智之共爲發育。從可知已。此外居所才智。亦得力於觀察之助。肩間外方簇居之音樂算數時間三才智。則與相接之順序才智有互助關係。蓋音樂云者。係指咽喉所發之音聲。而廣義解釋之。則一切樂奏之術屬焉。第奏樂之時。不但須依據用指之順序。仍須積時間以調和其長短之調拍也。故必待時間順序二才智之輔助。而音樂才智乃克盡其長。苟無此二才智。僅音樂才智單獨發育。則其人將成音樂性癖。而時時違律矣。至於算數雖與音樂無關。而待時間順序二才智之輔助。尤爲密切。如時間之觀念。即曆數及日月之運行。爲算術所由起。順序尤含有數之意味。今試排列六枚之石。排列者順序。而六則爲數矣。故時間順序之觀念。與算數同時而起。於此可知其關係矣。由此類推。以及其餘形容辯舌諸才智等之相互間關係。當能會心領悟也。

若夫後頭部。則愛兒友情相接而同時發育。蓋母子夫妻間之關係。每連續而不斷也。次則愛鄉才智與之連續。蓋愛鄉之念。因愛祖先友人桑梓之情誼而起也。愛生才智。亦與友情同起。戀慕才智爲以上諸才智之本原。蓋夫婦爲人倫之本也。以上諸器均相聯絡以爲活動。故簇居一處。使發育平等。實驗上之恆例也。若爭鬬殺戮與愛生相聯。蓋欲保護生命。不可不防禦外敵也。更聯接以謹愼祕密。所以供警戒之用也。對於謹愼之中則名譽之念生焉。因名譽之故而希望生焉。希望則輔之以高大。高大則濟之以尊敬。自抑過甚也。則更輔以剛強。剛強之結果則懷自尊。一氣關聯。相生相長。而各以類從。簇集一處。其故已於各論之初。詳述之矣。至於前頭部之才智。讀者通覽之餘。不難類推領悟。姑從略焉。

觀相者既知各才智相助相長之理矣。尤須於鑑定特徵之上。查其接近才智相輔而得力者之強弱如何。方足以知其特徵才能之所向也。

第四節　才智相互之抑制

第三節所論者。爲才智相互之援助。今茲所論。則就才智相互間之抑制而說明之。抑制云者。他才智將欲發露。乃加以制裁而抑壓之之謂。蓋各才智莫不由相互間之援助抑制。以調和而爲用也。非然者。三十九種之才智常抵觸於腦中。時起衝突。人生之痛苦爲何如乎。社會之秩序且因而不保矣。譬諸動力機關。藉火力以爲運動者。苟無排氣筒。緩急時不能調節。則機關破損不爲用矣。

然則抑制爲各才智固有之性耶。曰不然。吾人各才智均有欲爲發展之勢。無自行抑制之力。惟諸才智之關係上。乃有此現象耳。質言之。二一個才智同時欲爲發露之時。則其度之強者。足使弱者歸於消滅耳。設如名譽才智之發露。與爭鬬才智同時。則爭鬬之度強者。斯鬬毆起矣。名譽才智之強者。則足以抑制鬬毆之念焉。又愛兒與爭鬬同時發露之時。如愛兒在側。而突遇橫逆之來。則爭鬬才智雖起。但一念及爭鬬而有性命之憂。則愛兒將有失怙之痛。因愛兒之心。於以抑制爭鬬焉。愛生與爭鬬亦然。愛生之念強。則爭鬬爲所抑制矣。如斯吾人各才智均能互相抑制。非必此才智有抑制他才智之關係也。質言之。卽某才智勝者。亦未能謂之爲抑制才智。如前例。名譽爭鬬同時發露。爭鬬能勝名譽。不得謂抑制名譽也。然則抑制及發露區別如何。此則甚難區別。蓋臟器因諸原因之固有活動。爲他才智所抑壓。則被制矣。他才智之力不足抑壓之。則發露矣。故二才智同時發動。以其中爲原動力者爲標準。而抑制之。第抑制之才智。與被抑制之才智雖不一。而因才智之高下。發見此種關係。猶國家之有治者與被治者之關係也。治者每比被治者爲高級。才智亦然。如祕密謹愼名譽尊敬慈悲比較原因等諸才智。每立於抑制他才智之地位。戀慕愛兒友情愛生爭鬭殺戮食慾蓄財等。則常立於被抑制之地位。但如前述。各才智相互間。亦有行抑制者。徵之社會現象。可知其大概矣。故詳細研究此問題。頗多趣味。如吝嗇與節儉之別。信仰與迷信之區別。道德與僞善者之不同。苟藉骨相學以鑑定其人諸才智之關係時。則如強弩之穿魯縞。秦鏡之照妖魔也。

第五節　才智綜合而成性質

人莫不各有其本性。亦如其面之各不同形也。習癖亦然。究其原因。昔人說明此事。畢以天稟二字包括一切。第人藏其心。莫可測度。惟藉言語動作以窺知大概而已。至骨相學發明以來。歷經學者苦心研究經驗。筆之於書。以昭後之來者。乃得從客觀的方面觀察之。此則總論各論所述者也。至於由諸才智綜合之結果。性質之應用。尚未及言之。因此特舉一斑。以示各根本才智之強弱關係焉。讀者諒之。

冒險家　（航海從軍探險）此種性質。宜於觀察居所、高大、希望、名譽、等才智發育盛大。而以剛強、爭鬭。殺戮、諸才智援助之。愛生愛鄉才智當形缺乏。

正義家　愛國憂世之士。此種性質。宜於公明、尊敬、剛強、名譽、爭鬭、殺戮等諸才智發育盛大。蓄財才智、當歸缺乏。

陰德家　慈善宗教濟民等行爲之士。此種性質。慈悲、才智發育盛大。而以名譽、宗教、希望、才智、援助之。

吝嗇家　貪心甚熾。不近人情之人。此種性質。蓄財才智發育甚大。而慈悲、名譽、公明才智當歸缺乏。

義俠家　救恤復仇。此種性質。名譽才智發育甚大。而以自尊、剛強、慈悲、諸才智助之。再得力於爭鬬、殺戮等才智。

放蕩家　散財惑溺。此種性質。蓄財、公明、剛強、尊敬、諸才智、發育缺乏。而戀慕、嗜好、才智則甚發達也。

狂傲家　好稱譽己身。此種才智。名譽、自尊、剛強、發育甚大。而尊敬、謹愼、諸才智、乃形減退者。

小膽家　怯懦者。此種之人。實驗上嗜好才智。如愛兒、愛生、愛鄉、諸才智發育甚大。驚愕、蓄財、亦大。而爭鬬、自尊、剛強諸才智。乃形缺乏之者。

滑稽家　模擬、滑稽、想像、比較諸才智甚形發育。兼有辯舌才智。

僞善家　好爲沽名釣譽之行爲者。此種人之性質。非獰惡害人者。貪慾狡猾亦不過甚。惟名譽才智則甚發達。而慈悲不具焉。

此外性質甚多。而不免大同小異。故略之。讀者自行領悟可也。

第六節　稟性與才智之關係

總論編中。已揭多母斯博士之說。關於稟性及骨相之關係矣。第僅述其所以關係之故。及稟性之如何而已。若實質之應用與其變化。未經說明之先。僅由骨相一面。或僅由稟性一面。尚不足以表明其性質也。各論編中第四章。第九章。說明力與動作之關係云云。骨相乃表明其力之分量者也。才智發動之強弱。乃表明動作者也。第動作由稟性而異。如神經質人。與多血質人。其骨相雖同。而神經質者。每現於顏色。多血質則度量寬大。而其感動則一也。黏液質膽液質之人。雖有同分量之骨相。而其性之遲鈍。決非神經多血二質之比。質言之。其力與動作。不能爲比例也。至於稟性大體可區別爲四種。其複雜者。頗難判然區別。如多血質與神經質之折衷者。或稱爲多血的神經質。神經的多血質等是也。又如黏液質。膽液質。與多血質神經質之折衷者。可稱爲神經的黏液質。黏液的多血質。膽液的神經質。或多血的黏液質。或多血的膽液質。黏液的神經質。膽液的多血質等數種是也。至於其人舉動一切。亦如其所命之名。某點(毛髮皮膚音聲)則含有其折衷之稟性。某點多屬純性。僅於其不同之點。含有他形分子而已。故考案配合時。則擇其多之部分以爲純性。如音聲毛髮爲黏液質。其餘多部均神經質時。則可命名曰黏液的神經質。餘可類推。

第三章　骨相學不應用不能得實效

學問之爲物也。如表明藥劑功能之廣告。實行學問。與服藥同。譬如讀書萬卷。而不能實行。則與贋藥物之功能廣告。而不服藥者。其結果等也。此則骨相學貴於應用於社會萬端。而不徒以一編自圍。供世人茶餘之談助者矣。此章所述。爲骨相應用之範圍。及應用方法也。

第一節 應用之範圍

夫以骨相學應用於世。其範圍頗廣。上之經綸國家。體國經野。下之身家營業。交遊酬應。均此術之應用也。至於學術技藝。其効用尤著。故骨相學者。若X光線然。足以窺破人心神祕之精神作用。吾人既生存濁世之中。與人俯仰。交友應世。均宜以此爲枕中鴻祕。庶可物無遁形。擇交有道。此章從便宜上。分其範圍爲五種。卽學術上技藝上業務上宗教上處世上是也。更於各部類細分其有關係者之應用方法。一一備載而說明之。

第二節 學術上之應用

總論編中已述各種科學與骨相學之關係矣。此節則述應用上之他動的範圍及其方法。骨相學得此乃能活用也。

第一款　心理學上之應用

心理學以生理學爲基礎。研究人身精神的作用。此之曩昔大爲進步。其解釋精神作用。可稱詳盡。第心理作用。不可解之問題甚多。哲學家孜孜研究。猶不能窮其究竟。留以待後之學者。蓋人之精神變化。及精神與肉體之關係。研究之者。有唯物論。有唯心論。有物心二原論。有唯神論。聚訟紛紜。莫衷一是。於是乎迷信起矣。宗教起矣。而心理學無以排之也。蓋心理學之勢力之論據。仍無摧陷邪說。廓清世道之能力焉。苟能以骨相學證明之。則宗教的迷信。心理的神秘。舉堪了解。而心理學愈以昌明矣。茲舉心理學與骨相學之異同如下。

(一)心理學之論情緒也。卽喜悅、憂愁忿怒、恐懼、同情、愛情等。漫然而無區別。恰與昔者論喜、怒、哀、樂、愛、惡、欲、七情同科。試與骨相學之才智相比照。實爲僅述其發表之現象。而不問其原因者。蓋心理學將才智與動作混同。如喜悅與憂愁動作也。而忿怒、恐懼、同情、愛情。則才智矣。吾人心思滿足則喜悅。不滿足之時。則憂愁。故愉快苦痛者。才智動作之發表也。其他才智之忿怒、恐懼、同情、愛情等等。乃骨相上所謂爭鬪、殺戮、愛生、愛鄉、友誼等之嗜好才智是也。心理學乃混二者而爲一耳。

(二)心理學說之表現作用中。若大小厚薄軟硬寒暖輕重等。可以皮膚覺及筋肉覺測知之。眼僅能知物體之色澤而已。其餘諸項之表現。均從經驗而爲發育。心理學之言如此。夫大小厚薄軟硬寒暖輕重等。卽依其說。係由皮膚筋肉之經驗而發育者。第如人之記憶。雖由教育經驗而發育。但有受同等之教育經驗。而得不同等之結果者矣。即皮膚筋肉之表現。亦有銳鈍之不同等者矣。蓋心理學。不知有司掌活用之原基才智。故無由加以說明也。若以骨相學之形容、大小、色澤、輕重、順序、等才智。供說明之具。自可迎刃而解。他如物質智覺。空間智覺時間智覺等。亦可以骨相學上之智識性才智說明之。使無餘蘊焉。

（三）心理學上解析悟性爲思考作用 Thinkingness 概念 Conception 判斷 Judgement 推理 Reasoning 情緒 Emotion 意思 Will 等項。而與骨相學上之悟性。毫不相類。蓋心理學將骨相學中感受性才智之屬於意見嗜好者。與智識性才智之理解性考慮性相混同故也。夫骨相學之分類。從其才智之種類及性質而爲區分。頗屬得宜。心理學乃不認原基才智。僅由發現之作用。而爲歸納的立案。其分類頗欠明瞭也。如情緒一項。烏可稱爲悟性。乃動物通有才智耳。而亦置諸思考作用判斷推理之列。概念意思。乃一種理解性才智。從悟性而動者也。夫人類爲最高尙之動物。其可稱爲特有悟性者。僅思考作用判斷推理而已。他不與焉。故骨相學中區爲考慮性才智。僅認有比較原因二原基才智而已。此外心理學與骨相學之異同甚多。此章僅舉其一二例而已。研究心理學者。宜以骨相爲參考。互證異同。裨益不淺。

第二款　生理學上之應用

如總論編中之所屢經陳述。現今生理學程度之幼稚。至腦中器官作用。以及大腦皮質上之靈妙作用。神經纖維。及神經細胞之關係等。均尙不能解說詳明。使無遺蘊。而骨相學既經發明腦髓中有器官三十有九。區畫之於頭蓋骨。故研究生理學者。宜以此爲根據。以顯微鏡的說明。紹介於世。藉以考求生理學中未曾發見之學理。其奏效必甚偉也。

第三款　病理學上之應用

如將骨相學應用於病理學。以爲研究之材料時。必有以超越現今之學說。而成一大發明者。此論已於總論言之矣。蓋骨相學者。於實驗上。雖能取實例而加以說明。而病理學者。仍未得證明實例之材料也。設能互相引證。以應用骨相學。則其利益不淺矣。

有少婦某。患奇病。時見鬼怪襲來。幻影憧憧。不離左右。患者日益恇怯。病苦經年。未獲治愈。旣遇辛布遜氏。觀查其骨相。乃知患者遇此怪症。其大小才智部。及抵抗之智覺。病患皆尚未侵入。惟輕重才智。(保持身體權衡之力)則已損失陷落矣。故每逢怪物襲來之時。該部頓感痛苦。復次則所見之怪物。有形狀而無顏色。蓋其形狀器官機能無恙。而色澤部則已陷落矣。迨三星期後。復往診之。患者痛苦蔓延及於眉部。侵入色澤部。更及大小部。病狀愈甚見怪物如巨人。如侏儒。或更爲微小之物。後閱數日。疼痛更進。侵及算數順序諸部。患者時見怪物無數。憧憧往來。混雜支離。莫可言狀。時而亂入空中。時而形如瀑布。或見人頭四肢。無數羣集。而怪物竟能發聲談話。患者恐怖於以加甚焉。幸未侵及辯舌音曲各部。蓋患者時聽音樂以自解痛苦也。後經辛布遜氏對患者敍述骨相學之眞理。詔以幻視之無稽。少婦豁然頓悟。痛苦立覺輕減。後經時日。乃逐漸恢復。蓋頭腦辨識才智部。爲血液所集注故也。

上述例證之外。精神病院中之癡呆瘋魔等症。決非全腦病症。僅才智一部或數部陷落呈異狀而已。其餘諸部仍無恙也。著者曾於日本東京巢鴨精神病院所開之音樂會見患者之奏樂。無異常人。又見感化院中之癡呆者。乃獨優於記憶。及觀其骨相。均屬頭腦之一部狂。可以骨相證明之也。

第四款　考古學上之應用

茲所謂考古學者。非僅指就於自古墳掘出之石器陶器鐵器。以研究古代風俗。或用以供鑑定古物之資料者。乃汎指研究古代人類社會歷史等學。以考察古代之事蹟者也。

骨相學者。在觀察腦內部形狀之發露於外形者。故因其腦髓形狀之變化。而骨相亦隨之而變化。腦髓之形狀。乃因精神之狀態而爲變化者也。達爾文進化論。證明吾人人類。自原人種起。經數十世紀。漸次進步。自類猿人時代。以迄今茲。骨相亦必因其精神變化。遺傳作用。而漸次變化。此可類推而知矣。使此說無誤。則吾人數千年歷史中。均此骨相變化之事蹟也。神農氏牛頭之臆說。姑置不論。日本人種中。若伊奘諾伊奘冉二尊。素盞嗚尊等。以迄神武天皇以來。彼間人種。殆均以爭鬬殺戮鳴於世。觀其遺像。亦均爭鬬殺戮之才智甚屬發達。而無友情道德諸才智也。降至今日日本人種之特質。亦僅有爭鬬、殺戮、戀慕各才智殊形發育而已。蓋遺傳使然也。迨佛教東渡。而加美術製造之骨相。若伽藍繪畫彫塑。均佛教東渡以後事也。明治維新。西洋文物。物質學理。舉世靡然從風。競尚模擬。雖汲汲於養成考慮性才智與智識性才智。而無如非將先天稟賦所有之智識考慮。更加以繼續。才智則絕不能將日本人種舊有特徵之偏於模擬製造者加以抑制。且須增長繼續才智也。此後惟有後天教育以助長之。則遺傳之骨相變化。不待數百年。可改良日本人之骨相。使有廣闊之前額。此言徵諸各大家之說。確有可證明者。非著者一人之私言也。由是觀之。藉骨相學以考察古昔人種。足以推察其進化衰退之變化。考古學者之裨益。有如此者。

第五款　經濟學上之應用

經濟學之定義。在以最少勞費獲得最大之利益。而吾人人類須以何種行爲何種社會組織制度。乃可合夫經濟之原理以及生產之後。更須爲最善之分配。得宜之交換與消費。純粹經濟學之原理。蓋不出上述四大要素之範圍。更自應用方面言之。則曰應用經濟學。此外家事經濟。財政學等。其範圍浩瀚。斷非數言所能詳盡。此編所述。非研究經濟學也。但自骨相學以解釋經濟學。並以去世人之誤解而已。

世人每誤認儉約爲經濟。或視蓄財一事爲經濟學之慾望。斯不明骨相上才智作用故也。夫經濟之念。蓋自高等人類之必要上。圖衣食住居享樂等事。及謀所以永久持續之。則須考慮才智。發動籌畫之功。決非若下等動物。僅以蓄財本能之作用。無意識而以積蓄爲事者可比。若蜂之釀蜜。蟻之蓄餌。均然也。夫以最少勞力得多大利益者。比較才智及智識性才智之作用也。經濟學所謂慾望。亦非蓄財蓄財云者。爲最滿足持續快樂之方法。而非可包括經濟。亦非儉約之意。並非經濟學之最高手段。蓋經濟云者。生產之分配之。仍須善爲消費也。西諺有云。能儲財者。又貴能散財。此之謂也。尤有進者。經濟學有倫理上之關係。故乏道德才智者。決無完全應用經濟學之能力也。近代歐洲。以法律制定工業條例及信用組合法等。均所以維持經濟上之道德關係也。夫吾人生活社會之中。不能遺世獨立。所以利社會者。亦所以利個人。故蓄財雖爲經濟基礎。仍不能將道德觀念置諸度外。故經濟上之慾望儉約以及一切致富之學。非僅指骨相上之蓄財才智。而屬諸考慮性道德諸才智之發動。頗具高尚性質之學派也。世人對於經濟學者之感想。輒以爲與哲學宗教居反對位置。斯乃以蓄財與道德爲不相容。故誤解耳。由是觀之。儉約與經濟之區別。及夫絕對的蓄財主義。與經濟的節儉主義之區別。須從其骨相上之原基才智之發育方向。

以判定其實行之是非也。

經濟學與數學才智及道德自尊剛強諸才智。亦有密切關係。蓋農工商業之應用經濟須智識性才智甚多。故凡經濟學者。經濟事業家。能應用骨相學於自己反省上及雇傭屬員上。則裨益當不淺矣。

第六款　教育學上之應用

總論編中已敍教育及骨相之關係矣。此則述其應用之方法耳。若胎內教育。家庭教育。幼稚園保育等是也。世人每重家系血統。其理由難以盡述。卽骨相學。亦以骨相基於遺傳先天教育。較後天教育尤爲置重。第此不過程度問題。欲鑄完全之國民。培良善之子弟。二者均不宜忽也。若植物良否。固在種子。而培養失宜。亦無由得佳果也。

夫所謂先天的者。出生前之謂也。受胎前之謂耶。卽生理學者方面亦難以明確答辯。有謂出生前。最能左右嬰兒性質。故重胎內教育。是固誠然。著者以謂受精時關係最重。於斯時也。宜培養高尙精神。尤忌喜怒哀樂之過度。以及精神疲敝。因是等均能影響於遺傳也。世之欲得良善子孫者。可不愼哉。蓋骨相卽胚種。於此時而具體。一經受胎之後。先天的一成而不可動。其後無論胎之內外。均屬後天。第後天教育。亦略足左右先天的骨相。故胎內教育。亦不可忽。所宜抑制己身缺點。保身體精神之健全平靜。使胎兒受良好感化爲要。古人有胎教之訓。其旨微矣。

嬰兒出胎後。體質骨相已成一定。其性質已隨其年齡。漸行呈露。父母長上。宜加以鑑定。以卜其將來。而家庭教育於是乎爲切要。已漸長。則依幼稚園保育之方法以養成之。旣及學齡。又須逐漸以助長其考慮性才智。斯曰學校教育。教育之順序。此其大略也。惟學校教育以下之教育。與其以上之教育。骨相學應用上方法各異。蓋保育以下教育。所以使骨相上各才智圓滿發達也。學校教育。使各才智之調和也。質言之。家庭保育。在使才智舒暢發育。不主嚴厲。以挫其生機。如嬰兒泣哭。必其才智受有苦痛。嬉笑之時。則表示滿足也。故須令各才智常存滿足。時時注意。其目的亦在此。若抑制才智之發動。則非目的也。但不使受惡習慣之感化則可矣。彼善於植木者。林中種植。任其自長。但除雜草而已。家庭保育。亦猶是也。至於學校教育。則方針一變。某才智則抑制之。某才智則扶助之。亦似植木者之翦裁枝葉。調和姿勢。使成良木也。世有未抵學齡。卽使受學校教育。或家庭純取嚴厲方針。其心意必萎縮不能發揚。如盆栽之小木也。其戕害甚矣。故爲人父母及當保育之任者。宜注意於此。此卽著者以骨相爲基礎而講教育方針之微意也。

第七款　法律學上之應用

骨相與法律之關係。既於總論述之矣。此則敍述應用骨相學於刑法制定上及司法上之方法耳。此項學說。世上既有定評。無煩著者贅說。若刑法經驗學派之始祖侖古羅遜氏所著之犯罪骨相論。及阿芬斯貝爾均氏之學說。均爲刑法司法上之良助焉。茲特舉其概要如左。侖古羅遜氏曰。囚人之犯罪也。非犯於犯之時。蓋其天性中。具有犯罪之素質耳。氏爲研究此事之故。搜集斬決罪犯之頭骨多具。研究多年之後。發表結果。遂得犯人骨相上均呈特形之確據。於是創立犯罪骨相學派。試觀監獄統計表。可知其原因矣。近來有熱心教誨者。頗致力於罪犯之感化保護。以救出獄之人。詎知效驗甚寡。重復犯罪者仍多。足證先天骨相之說。毫無疑義。據著者聞見。有良家子弟而有竊盜癖者。卽臨以嚴刑。毫無改悛之望。蓋先天骨相既定。莫可如何者已。今日本現行法律。遇此類犯人。輒施以同等刑罰。恐成效不可得也。立法司法當局者其一加之意乎。今試據骨相學原理。解剖犯罪者之骨相。其大要列表如下。

身體之犯罪
- 謀殺故殺罪（爭鬪殺戮秘密發育名譽謹慎缺乏）
- 毆打創傷罪（爭鬪自尊剛強發育名譽謹慎缺乏）
- 猥褻姦淫罪（戀慕發育名譽及考慮性才智缺乏）

財產之犯罪
- 強盜竊盜罪（祕密蓄財觀察發育而名譽慈悲公明謹慎缺乏之者）
- 詐欺罪……（秘密辯舌觀察發育而道德才智缺乏之者）
- 賭博罪……（希望想像蓄財祕密觀察發育者）

綜合二表而觀之。世之犯罪人所通有者。觀察爭鬪殺戮祕密均甚爲發育。而名譽謹慎公明慈悲乃陷落者。準此。其骨相大致項上扁平。而周圍下部發育耳。

至於最須研究者。則再犯調查法也。試就一八百八十五年十一月二十二日法政府委員阿芬斯貝爾均氏在羅馬美術館所開之萬國監獄協會中之演說大要而論之如下。

（前略）余前既一言之矣。即將各種犯人骨骼之尺寸。與其骨肉各部之長短。一一量準而記錄之是也。如身長若干。頭之縱橫。腳之中趾等。余曾用此法。於十年之間。在巴黎搜集犯人照片十萬幀。據以調查再犯之人。當得下述之結果。設今有照片十萬幀於此。先區分男女兩種。一方陳男子照片。一方則陳女子照片。惟女子照片。每較男子爲少。假定其數爲二萬。再分年幼者另陳一處。假定其數亦爲二萬。則其餘六萬均男子照片也。此中可區分爲三級。身矮者計得三分之一。身中者亦得三分之一。身高者亦得三分之一。苟欲得此三數之平均度。必取其高中矮各種。而一一區別其尺寸。設如以一密達六十二生的至一密達六十七生的爲身中之部。以一密達六十八生的至二密達者爲身高之部。以一密達六十一生的至一密達餘者爲身矮之部。更以同一之原則而細分三種區別。即更量其頭部之縱横是也。

既分其身之尺度爲三種。更細分其頭部縱横亦各爲三種。共計九種。即六萬之三分之一。二萬中。取其頭之縱小者爲一部。得六千餘人。縱中者爲一部。亦六千有餘人。縱大者爲一部。六千有餘。更從此六千人中。依其頭之横度而區分爲三種如下。頭之横度小者二千餘人。中度者二千餘人。大者二千餘人。

據從來之經驗。多數人之頭部中。頭之横度與縱度大不相同。質言之。不能據横度之尺寸以測知縱度也。

量足中趾之長度。爲第四種之區別。既以頭之尺寸取得三種之照片。更三分之爲六百之數。取六百之數更三分之。再以足之長度爲基礎。復三分之。再就眼部及腕部之尺寸復行區別一次。蓋從頭之縱度二千人中。依其足中趾之長度而三分之。得六百餘人。更就因中趾而分出之六百之數。再依其足之長度而區分之。得二百之數。將此二百之數。再依其手腕之長度三分之。得六十三人。更依其眼部區爲七類。得九人。從此方法。將十萬人之照片經五段區別。可成十人內外之小數。據此方法以發見再犯罪之人。蓋易易也。

今有某警署捕得匿名姓之犯人。苟欲知其眞實姓名籍貫。及曾經攝影存案與否。祇須先測其身長而詮索之。於身長存案之照片中。更測其頭之縱度。則照片之數減少而易索矣。更就其頭之橫度足之長度及眼部而一一調查之。自容易發見其人存案照片之所在也。

阿芬斯貝爾均氏發明之方法。較諸各國昔日存案之索引。及罪犯人名錄等實較勝一籌。第以著者觀之。苟據骨相學之推測。且無一一量度寸尺之煩。可一見而探得其照片焉。其法如下所述。

先區分犯人稟質爲四等。卽神經質、多血質、黏液質、膽液質。（兩質混同時從其多者） 次則相其觀察才智道德才智爭鬭殺戮等才智之發育多寡。更及其嗜好才智之有無。十萬人之照片。經上述區分後。可成千五百六十二枚。再區分眼鼻耳之大小。計得百九十餘枚。再分男女及小兒。不過數十枚而已。此法較上述量度身長者。可免計算尺寸之煩。祇須以目力判定之。竊以爲此法似爲較便也。

此外行政上刑事警察上應用方法不少。姑從略焉。

第三節　技藝上之應用

世有以一技一藝之長。名於社會者。必其骨相學上某才智之特別發達。而後善於利用其長者也。蓋人必以特徵才智爲根據。而其技藝始能上達。非然者用非所長。徒增苦痛。終無以達優勝之域。或將半途中輟耳。著者查古來有名技藝大家之遺像。必有特殊技藝之才智發現於外者。此蓋先天才智器官之發達。與後天的助長教育相輔而行。故得如此良好結果。茲條舉各技藝方面所特須之才智分爲三類。曰美術家。曰工藝家。曰藝術家是也。

第一款　美術家

茲區分美術家爲下列各種。即繪畫。彫刻。冶金。刺繡。塑磁業。染織等是也。凡各種專家。大抵均以一種才智爲基礎。而援助才智則各自不同。茲示其程度如下。

(一)繪畫　模擬　製造　大小　色澤　想像　順序　高大等
(一)彫刻　模擬　製造　大小　色澤　形容　觀察等
(一)冶金　模擬　製造　大小　色澤　形容　觀察等
(一)刺繡　色澤　形容　模擬　製造　想像　繼續等
(一)塑磁業　製造　模擬　比較　原因　大小　形容　色澤

想像等

(一)染織　色澤　形容　大小　模擬　想像等

第二款　工藝家

凡屬工藝類者。均以製造才智爲基礎。以他種才智爲援助。惟因教師傳授之法。其方面亦因而不同耳。茲區分爲機械工程師製造度量衡者。土木建築家等如下。

一機械工程師　算數　比較　原因　大小　輕重　順序　製造　想像等

一製造度量衡者　製造　大小　想像　算數

一土木建築家　製造　算數　想像　比較　原因　大小　輕重　順序等

第三款　藝術家

茲所述之藝術家。範圍所包至廣。卽武術家、遊藝家、鑑定家等。其必須才智程度如下。

武術家
- 軍人……殺戮 爭鬭 慈悲 觀察 祕密 自尊 剛強 名譽
- 射擊專門…觀察 大小 輕重 比較 原因
- 馬術………輕重 大小 友情 剛強
- 擊劍柔術等 觀察 殺戮 爭鬭 自尊 慈悲 謹愼
- 游泳專門…輕重 觀察

遊藝家
- 音樂家……音曲 時間 算數
- 說書口技者 辯舌 滑稽 模擬 音曲 想像
- 俳優………模擬 辯舌 滑稽 想像
- 魔術家……輕重 大小 模擬・辯舌
- 奕者………原因 比較 算數 祕密

鑑定家
- 美術骨董鑑定……觀察　比較　原因　祕密　色澤　想像
- 人事鑑定（占星術）觀察　祕密　辯舌　尊敬（卽信仰）
- 攷古學上鑑定……比較　原因　觀察　想像　祕密

第四節　業務上之應用

人類居社會之中。莫不有其一定業務。高尙者有之。卑賤者有之。或爲生產。或爲不生產。其種類千差萬別。莫由悉舉。今茲所述。僅於專業之中。聊舉一部分而已。卽下列之商業家。教育家。醫師。法律家。政治家。專門學者等是也。其必要才智如下。

商業家
- 國內貿易……觀察　祕密　尊敬　名譽　蓄財　希望　算數
- 航海商……商大
- 銀行保險……比較　原因
- 製造工商業　製造

教育家

兒童教育　愛兒　友情　慈悲　公明　繼續性才智　攷慮性才智
學校教育　公明　慈悲　智識性才智　考慮性才智　繼續　友情
孤兒院……慈悲　尊敬　智識性才智　攻慮性才智
感化院……慈悲　尊敬　友情　考慮性才智　智識性才智

醫家

精神病院　慈悲　攷慮性才智　而尤以　想像　時間　爲最要
內科病院　仝上
外科齒醫　觀察　大小　時間　製造　模擬　殺戮　謹愼　攷慮性才智……

法律家

司法官　觀察　公明　攷慮性才智　剛強　爭鬬　秘密
警察……觀察　公明　尊敬　慈悲　攷慮性才智　殺戮　剛強
律師……攷慮性才智　辯舌　慈悲　公明　名譽　謹愼

政治家

行政官　智識性才智　名譽　尊敬　公明　秘密　慈悲
政黨……慈悲　尊敬　名譽　公明　攷慮性才智
議員……觀察　比較　原因　名譽　謹愼

專門學者
- 數學……數學　想像　比較　原因
- 哲學……想像　比較　原因　高大　滑稽
- 理化學　智識性才智　攷慮性才智

第五節　宗教上之應用

宗教之定義。以信仰爲基礎。而爲吾人安心立命者也。故窮究宗教之起因。當屬諸嗜好部之作用。蓋人類莫不惡死好生。而世界之各宗教。均說死後極樂。如出一轍。藉以抑制世人愛生之執念。以解除煩惱。更以道德模擬。垂示世人。斯爲說教者達其目的之最良方法焉。至於骨相上。宜誘導慈悲尊敬之才智。而抑制殺戮愛生才智。茲就佛教聊述所見如左。

第一款　教理上之應用

日本宗教。流派甚多。而可區爲二大宗。一爲自力宗。二爲他力宗。自力宗云者。排斥客觀的佛陀之信仰。究明本身。以求安心立命是也。他力宗云者。信仰客觀的佛陀。卽足以得安心之地位是也。蓋在骨相上其智識之基礎不同故耳。夫自立宗以信仰爲基礎。藉考慮性才智以求開通領悟。(大乘佛教)而他立宗。則其旨趣僅以信仰(卽尊敬才智)爲基礎。而抑制嗜好部才智。且創爲抑制卽屬安心立命之說。(小乘佛教) 至於自力宗。視此種方法不過一種方便。宜參天地之奧妙。窮宇宙之眞理。其終局之目的。既不慕生前之榮華。復不求死後之極樂。惟以求得本生來歷原因。藉以安心立命耳。故二宗宗旨。微示差別。近來有倡大乘非佛說者。此淺見皮相之說也。試觀客觀的信神宗教。如基督天主回回。及佛教中他力宗之眞宗淨土宗等。其信徒中均愚夫愚婦。其骨相上。必嗜好部發達。而考慮性則微弱耳。至於自力宗之禪宗。雖見人說法。大開方便之門。授衆生以安心之法。而其本來教理。則以尊敬、自尊、剛強等才智爲基礎。而以想像、高大、及比較、原因、觀察、諸才智副之。藉以靜觀宇宙之玄機。參透造化之妙理。如參悟禪機。須觀察敏捷而考案時又須比較原因也。

總之。他力宗宗教。係賴骨相上之尊敬才智。抑制嗜好部之發動者也。自力宗宗教。則藉考慮性才智。及智識性才智。而不與嗜好部之發動相衝突者也。故曰他力宗達其極致。則悟中之迷也。自力宗達其極致。則迷中之悟也。

第二款　布教上之應用

諺云。見人說法。蓋人均異其骨相。卽各具有種種天稟之性質。故此舉實屬要圖。第亦須觀其時與地耳。如向各人說法布教。固可隨其性而善導之。所謂因材施教是也。若就大衆說教。勢難一一驗其骨相。僅能將衆人視爲一集合體。而於無形上應用骨相耳。釋迦佛祖。五時說法。

均應用此術也。即對於個人通有發育之才智而開導之。次第及於比較原因慈悲尊敬等。世界最有勢力之宗教。爲佛與耶。而日本佛教信徒中。最得勢力者。爲眞宗。蓋眞宗之爲教。茹葷居室與常人同。與耶教教理相等。信神信佛。以天國極樂地獄爲說。莫非利用世人嗜好部之恐怖愛生等性質。導之以信仰尊敬。藉以養成慈悲觀念者也。佛教名曰方便之門。至於禪宗。非愚夫婦所能領悟。不設布教方便之門。故信徒甚少。禪宗分爲二部。曰臨濟宗。曰曹洞宗。二宗之中。曹洞宗之布教方法。頗爲通俗。能以方便說教理。方便云者。訴諸人類嗜好感情之手段也。蓋欲得多數信徒。則於布教上宜就人類通有之嗜好性。因勢利導。最爲良策。若說眞實教理。則非就善知識者不可。必就智識性才智及考慮性才智發達之人。向之說教。乃能通達大乘哲理。窮究性命根原也。見人說法。蓋出於此。

此則就宗教家布教上應用而言者也。至於養成布教者之骨相應用法。有如下述。

甚矣。悟道之難也。釋迦說法四十九年。數萬弟子中。僅得十大弟子。其能得正法眼藏者。僅微笑之迦葉而已。此至難之教理。又豈凡夫所能領悟。非具有特殊骨相不可。然世間僧衆。盡人可為徒。閒時口唱佛號。飢來吃飯困時眠。其智識且在凡夫之下。此佛教之衰頹所由來也。苟於養成僧侶之先。觀察其骨相適於僧侶與否。然後分別去取。施以教導。庶乎有濟。蓋以慈悲、尊敬、剛強、繼續、各才智為最要。至嗜好部才智。則以缺損為宜。蓋嗜好部為情的才智。往往流於執著。反宗教之本旨。但有尊敬剛強二才智。足以抑制情之發動者。亦未嘗不能得良結果也。此外考慮性知識性兩才智之發育。固屬必要。但非自力宗者。固不必以之居首。若禪宗僧侶。又須觀察才智。如隔山見烟。而知其為火。隔籬見角。而知其爲鹿。乃坐禪修養上必要之禪機。均從觀察中得之。每觀達摩遺像。輒認其觀察才智之發育甚大云。

據此。則人之生也。苟缺乏上述諸才智時。均不適於爲宗教家。宜更擇他業。勿混跡佛地以自誤也。世有有志於振興宗教。爲大叢林主持者。宜應用骨相。愼選良徒。則可得名僧智識。以光大其宗派焉。

第六節　處世之應用

吾人人類爲社交之動物。必相倚相助。乃能成圓滿之社會。忠孝之道。孝悌之義。勸善懲惡。修身齊家者。處世之方針也。故吾人處此社會。宜以之供一身之修養。而以善行及於他人。第社會中人類不齊。己之行爲及於他人者雖善。而不能必社會中他人之行爲均善也。斯則處世宜有術矣。如能應用骨相。以察人情之眞僞。則社交上之衝突可免矣。玆述如下。

第一款　配合上之應用

諺有之。人生幸福。肇因於結婚之日。男女居室。人之大倫。夫婦之配合。苟失其宜。則爲一家不和之基。家政紊亂之始。詎不重歟。至於配合如何而可適宜。及當取如何標準。此蓋人生社會中最關心之問題也。

古之婚禮。必待父母之命。媒妁之言。乃爲得婚姻之正。否則世人將非議之矣。故夫妻禮成之日。仍無異乎陌路之人。其選擇之權。不操之於本人。而爲兩親長上之特權焉。至於兩親選擇。亦不過僅憑媒妁之言。及其身家而已。容貌性質。均無從知之。馴至吉士而遇嫫母。美人而偶狂夫。結褵之後。終身以之。無故離婚。又爲社會所不許。往往因此男子則縱情花柳。女子則抑鬱終身。家庭幸福。不可期也。此非選擇失宜之故歟。

欲求選擇之得宜。除應用骨相考察其特性之外。決無良法。讀者諸君乎。試察本身之家庭。以及君之親戚知己。當可發見一事。則男女之配合。均以反對之性質相結合者爲最宜。如肥腴之男。配瘦弱之女。溫厚寡言之夫。偶以爽利嘵舌之婦。比比然也。再詳細考查之。乃知肉質及骨相上之才智。男女配合上。每以正反對者爲最良。若電極之正負相生。同性相反也。故比較男女骨相。每不相等。足證兩性之間。天賦權利。非同等已。

夫定男女之配合。以稟性爲第一。如多血質與神經質。黏液質與胆液質。或神經的黏液質與多血質。多血的胆液質與神經質等。均屬適宜之配合也。次則性質。卽擇其才智之反對者而配合之。如以自尊與自尊。以祕密配祕密。以爭鬭偶爭鬭。男女兩方均同等發達者。常不免於衝突。惟亦有例外者。如嗜好部才智。卽無兩相衝突之事。

上述乃配合上之定理。青年男女。與夫父母兄弟。爲圖子孫之幸福。家庭之圓滿。苟能應用骨相。愼爲選擇。終身幸福。基於此矣。世每有因才智上之衝突。互生意見而占脫幅。以致家庭中宛如仇寇者。可不戒哉。

第二款　交際上之應用

吾人既爲社交動物。則必日與交際社會各方面種種人物相接觸。或爲業務之周旋。或供智識之交換。第社會中人。胸藏不露。機械百出者有之。貌爲謹厚。心存險詐者有之。語云。知人則哲。誠哉其難也。世之交友。往往有昨日爲昆弟。而今朝則怨敵者。是皆不能觀破人心。妄信口說。有以致之。設能愼擇交遊。知其性質。則庶乎獲交友之益矣。

夫洞察人心之術。亦綦難矣。至骨相學出。而此術乃獲解決。著者嘗多年從事研究實驗。以之應用於交際。獲益良多。試舉其例。約有三事。一則交際可長久而無絕交之事也。二則知爲惡友可避而弗交也。三則免不測之災害也。蓋應用骨相。則可洞察友人心理。知己知彼。衝突不生。自可永遠維持其交際也。如友人自尊剛強二才智發育者。再加以爭鬬殺戮二才智。卽可察知其人性暴。一遇衝突。每多暴厲之舉。則當交際之時。自身不妨讓步。以預防衝突也。又如友人缺乏祕密才智之時。則不可託以大事。並不可使之聞知。均其例也。第二之惡友拒絕。自可免連累及身。而第三之不測災害。亦可免矣。世之罹非常災禍而爲人所欺者。皆因其無觀破人心之術也。

吾人處世。當預防人之欺詐。固矣。第交友之道。尤貴有誠。苟始終以猜疑待人。恐世界雖廣。亦難遇腹心之友矣。使能觀破人心。以應用於交際。擇其善者而從之。亦安用猜疑爲哉。

第七節　事業上之應用

此節所稱之事業。範圍頗廣。農工商業。以及國家之經營。均是也。此類事業與骨相學之關係。蓋間接而非直接者。夫事業成功之祕訣。在於得人。企業之成敗係焉。卽如國家興廢。亦在政府之得人與否。其揆一也。

試觀古今歷史。其成功也。得人而已。其失敗也。失人而已。一部興亡史。大之若建國立業。小之若經營一事。莫不皆然。爲之主者。能以巨眼識天下英才。拔擢而任用之。故能庶政修明。國家治平。卽一商店之主人。亦以能得良店員。供其使役。察其情僞。而後可期商業之隆昌。設不能得人。則毋甯不創業之爲愈。至於擇人標準。固以採用與事業有經驗者爲第一義。但經驗一事。由於後天教育。非骨相範圍以內之事。至於骨相上之觀查。則凡事業當局者。必以能觀察其事業之結果。預測其成敗者。乃爲勝任。第一須有觀察才智及比較原因二才智。次則須具有道德才智。方能遵守主命。爲事業盡瘁也。故鑑查用人之時。先須觀其履歷。次則間接應用骨相。以觀其才力。察其心思。斯可矣。若僅信賴其技能。而不察其心術。其患有不勝枚舉者。世之因用人不當而受害者多矣。蓋皆因不能應用骨相。以察其心術之故也。可不愼哉。

第四章 結論

此章所述。蓋應用中之應用。藉以補全編之不足。而更詳爲說明。以供讀者之參考者也。著者曾與總論章中。屢述舊來之醫卜星相。均無當眞理。欺世惑人。第人之才智。現於容貌。斯說爲獨具眞理。可深信不疑。乃均自骨相而來者也。試觀自尊者之頸骨前突。謙仰者之低頭下俯。猜疑者之左顧右盼。以及觀察者眉間皺紋。均基於骨相。自然流露。此外總論所述之座相云云。亦非全無根據之談。頗足爲骨相參考。著者經驗多人。均得同一事實。非可絕對排斥者。又如就人之舉動。而可觀破其才智。彼警察刑事熟練之人。往往藉此法以觀破犯人。雖不能如骨相學者。一一指摘其容貌。惟惡人自具惡人舉動。善人自具善人相貌。普通人均能見之。而了解者已。夫人之心理。無形者也。無形故不可見。容貌舉動。現於外者也。據以代表其無形之心理。且藉以知人心之變化作用。可分爲二項。一項爲屬諸一時之性質者。如情之發動。卽代表喜怒哀樂者。二項爲比較的屬諸繼續性質。如才德之有無多少。及財產之有無多少。均足異其容貌。試觀喜怒哀樂之生也。人不得而掩之。亦不得而欺之。卽故爲掩飾。亦可從其掩飾中窺得之。人無論智愚賢不肖。莫不皆然。毫無差異也。世每以偉人豪傑爲能喜怒不見於色。斯則以祕密才智之作用掩飾之。或以名譽高大才智抑制之。亦非有隱蔽喜怒之祕訣也。至於溫厚篤實之人。必有溫厚篤實之容貌。剛毅活潑之人。亦必有剛毅活潑之容貌。輕薄之人。亦必具輕薄之容貌。以及殘忍酷薄者。愚鈍怯懦者。莫不皆然。均自然容貌之流露於外者。可一見而知之。非必持乎風鑑也。孟子不云乎。居移氣。養移體。上自帝王卿相。下至方技以迄凡百職工。均因其地位之殊途。而品格以異。可一見而知者也。

夫容貌既足以代表其性質及地位矣。骨相學者可藉之以爲觀查之助。卽世之鑑定家及刑事探偵。亦往往藉以供其職務之用。第其中亦須熟練。每見有疑心暗鬼。寃及善人者。故難一概而論也。所宜具骨相學之智識以爲基礎。觀察心性。復援用容貌學。察其座相舉動。兩者相輔而行。其觀人也。如燭照數計已。斯則著者附加本章之微旨也。希讀者諒焉。

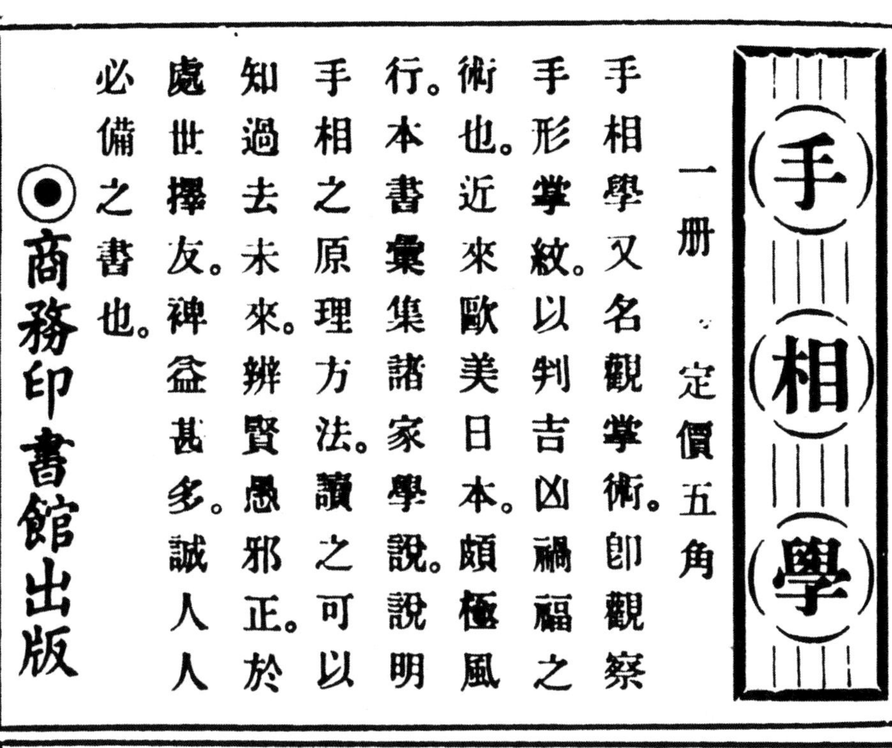

Phrenology

Commercial Press, Limited

中華民國八年七月初版

（骨相學一冊）
（每冊定價大洋柒角）
（外埠酌加運費匯費）

編纂者 風萍生
發行者 商務印書館
印刷所 上海北河南路北首寶山路 商務印書館
總發行所 上海棋盤街中市 商務印書館
分售處 北京天津保定奉天吉林龍江濟南太原開封洛陽西安南京杭州蘭谿安慶蕪湖南昌漢口長沙常德成都重慶瀘縣福州廣州潮州香港桂林梧州雲南貴陽張家口新嘉坡 商務印書館分館

七九一〇丁

編號	書名	作者	說明
占筮類			
1	擲地金聲搜精秘訣	心一堂編	沈氏研易樓藏稀見易占秘鈔本
2	卜易拆字秘傳百日通	心一堂編	
3	易占陽宅六十四卦秘斷	心一堂編	火珠林占陽宅風水秘鈔本
星命類			
4	斗數宣微	【民國】王裁珊	民初最重要斗數著述之一；未刪改本
5	斗數觀測錄	【民國】王裁珊	失傳民初斗數重要著作
6	《地星會源》《斗數綱要》合刊	心一堂編	失傳的第三種飛星斗數
7	《斗數秘鈔》《紫微斗數之捷徑》合刊	心一堂編	珍稀「紫微斗數」舊鈔秘本
8	斗數演例	心一堂編	
9	紫微斗數全書（清初刻原本）	題【宋】陳希夷	斗數全書本來面目；有別於錯誤極多的坊本
10-12	鐵板神數（清刻足本）——附秘鈔密碼表	題【宋】邵雍	無錯漏原版秘鈔密碼表　首次公開！
13-15	蠢子數纏度	題【宋】邵雍	蠢子數連密碼表打破數百年秘傳　首次公開！
16-19	皇極數	題【宋】邵雍	清鈔孤本附起例及完整密碼表研究神數必讀！
20-21	邵夫子先天神數	題【宋】邵雍	附手鈔密碼表研究神數必讀！
22	八刻分經定數（密碼表）	題【宋】邵雍	皇極數另一版本；附手鈔密碼表
23	新命理探原	【民國】袁樹珊	子平命理必讀教科書！
24-25	袁氏命譜	【民國】袁樹珊	
26	韋氏命學講義	【民國】韋千里	民初二大命理家南袁北韋
27	千里命稿	【民國】韋千里	
28	精選命理約言	【民國】韋千里	北韋之命理經典
29	滴天髓闡微——附李雨田命理初學捷徑	【民國】袁樹珊、李雨田	命理經典未刪改足本
30	段氏白話命學綱要	【民國】段方	民初命理經典最淺白易懂
31	命理用神精華	【民國】王心田	學命理者之寶鏡

心一堂術數古籍珍本叢刊　第一輯書目

編號	書名	作者	說明
32	命學探驪集	【民國】張巢雲	發前人所未發 稀見民初子平命理著作
33	澹園命談	【民國】高澹園	
34	算命一讀通——鴻福齊天	【民國】不空居士、覺先居士合纂	
35	子平玄理	【民國】施惕君	
36	星命風水秘傳百日通	心一堂編	
37	命理大四字金前定	題【晉】鬼谷子王詡	源自元代算命術
38	命理斷語義理源深	心一堂編	稀見清代批命斷語及活套
39－40	文武星案	【明】陸位	失傳四百年《張果星宗》姊妹篇 千多星盤命例　研究命學必備
相術類			
41	新相人學講義	【民國】楊叔和	失傳民初白話文相術書
42	手相學淺說	【民國】黃龍	民初中西結合手相學經典
43	大清相法	心一堂編	重現失傳經典相書
44	相法易知	心一堂編	
45	相法秘傳百日通	心一堂編	
堪輿類			
46	靈城精義箋	【清】沈竹礽	沈氏玄空遺珍 玄空風水必讀
47	地理辨正抉要	【清】沈竹礽	
48	《玄空古義四種通釋》《地理疑義答問》合刊	沈瓞民	
49	《沈氏玄空吹虀室雜存》《玄空捷訣》合刊	【民國】申聽禪	
50	漢鏡齋堪輿小識	【民國】查國珍、沈瓞民	
51	堪輿一覽	【清】孫竹田	失傳已久的無常派玄空經典
52	章仲山挨星秘訣（修定版）	【清】章仲山	章仲山無常派玄空珍秘 門內秘本首次公開 沈竹礽等大師尋覓一生末得之珍本！
53	臨穴指南	【清】章仲山	
54	章仲山宅案附無常派玄空秘要	心一堂編	
55	地理辨正補	【清】朱小鶴	玄空六派蘇州派代表作
56	陽宅覺元氏新書	【清】元祝垚	簡易・有效・神驗之玄空陽宅法
57	地學鐵骨秘　附　吳師青藏命理大易數	【民國】吳師青	釋玄空廣東派地學之秘
58－61	四秘全書十二種（清刻原本）	【清】尹一勺	玄空湘楚派經典本來面目 有別於錯誤極多的坊本

62	地理辨正補註　附 元空秘旨　天元五歌　玄空精髓　心法秘訣等數種合刊	【民國】胡仲言	貫通易理、巒頭、三元、三合、天星、中醫
63	地理辨正自解	【清】李思白	公開玄空家「分率尺、工部尺、量天尺」之秘
64	許氏地理辨正釋義	【民國】許錦灝	民國易學名家黃元炳力薦
65	地理辨正天玉經內傳要訣圖解	【清】程懷榮	秘訣一語道破，圖文并茂
66	謝氏地理書	【民國】謝復	玄空體用兼備、深入淺出
67	論山水元運易理斷驗、三元氣運說附紫白訣等五種合刊	【宋】吳景鸞等	失傳古本《玄空秘旨》《紫白訣》
68	星卦奧義圖訣	【清】施安仁	三元玄空門內秘笈　清鈔孤本 過去均為必須守秘不能公開秘密 與今天流行飛星法不同
69	三元地學秘傳	【清】何文源	
70	三元玄空挨星四十八局圖說	心一堂編	
71	三元挨星秘訣仙傳	心一堂編	
72	三元地理正傳	心一堂編	
73	三元天心正運	心一堂編	
74	元空紫白陽宅秘旨	心一堂編	
75	玄空挨星秘圖　附 堪輿指迷	心一堂編	
76	姚氏地理辨正圖說　附 地理九星并挨星真訣全圖　秘傳河圖精義等數種合刊	【清】姚文田等	蓮池心法　玄空六法 門內秘鈔本首次公開
77	元空法鑑批點本——附 法鑑口授訣要、秘傳玄空三鑑奧義匯鈔　合刊	【清】曾懷玉等	
78	元空法鑑心法	【清】曾懷玉等	
79	曾懷玉增批蔣徒傳天玉經補註【新修訂版原（彩）色本】	【清】項木林、曾懷玉	
80	地理學新義	【民國】俞仁宇撰	揭開連城派風水之秘
81	地理辨正揭隱（足本）　附連城派秘鈔口訣	【民國】王邈達	
82	趙連城傳地理秘訣附雪庵和尚字字金	【明】趙連城	
83	趙連城秘傳楊公地理真訣	【明】趙連城	
84	地理法門全書	仗溪子、芝罘子	巒頭風水，內容簡核、深入淺出
85	地理方外別傳	【清】熙齋上人	巒頭形勢、「望氣」「鑑神」
86	地理輯要	【清】余鵬	集地理經典之精要
87	地理秘珍	【清】錫九氏	巒頭、三合天星，圖文並茂
88	《羅經舉要》附《附三合天機秘訣》	【清】賈長吉	清鈔孤本羅經、三合訣法圖解
89－90	嚴陵張九儀增釋地理琢玉斧巒	【清】張九儀	清初三合風水名家張九儀經典清刻原本！

91	地學形勢摘要	心一堂編	形家秘鈔珍本
92	《平洋地理入門》《巒頭圖解》合刊	【清】盧崇台	平洋水法、形家秘本
93	《鑒水極玄經》《秘授水法》合刊	【唐】司馬頭陀、【清】鮑湘襟	千古之秘，不可妄傳匪人
94	平洋地理闡秘	心一堂編	雲間三元平洋形法秘鈔珍本
95	地經圖說	【清】余九皋	形勢理氣、精繪圖文
96	司馬頭陀地鉗	【唐】司馬頭陀	流傳極稀《地鉗》
97	欽天監地理醒世切要辨論	【清】欽天監	公開清代皇室御用風水真本
三式類			
98-99	大六壬尋源二種	【清】張純照	六壬入門、占課指南
100	六壬教科六壬鑰	【民國】蔣問天	由淺入深，首尾悉備
101	壬課總訣	心一堂編	過去術家不外傳的珍稀六壬術秘鈔本
102	六壬秘斷	心一堂編	
103	大六壬類闡	心一堂編	
104	六壬秘笈——韋千里占卜講義	【民國】韋千里	六壬入門必備
105	壬學述古	【民國】曹仁麟	依法占之，「無不神驗」
106	奇門揭要	心一堂編	集「法奇門」、「術奇門」精要
107	奇門行軍要略	【清】劉文瀾	條理清晰、簡明易用
108	奇門大宗直旨	劉毗	天下孤本 首次公開
109	奇門三奇干支神應	馮繼明	虛白廬藏本《秘藏遁甲天機》
110	奇門仙機	題【漢】張子房	奇門不傳之秘 應驗如神
111	奇門心法秘纂	題【漢】韓信（淮陰侯）	
112	奇門廬中闡秘	題【三國】諸葛武侯註	
選擇類			
113-114	儀度六壬選日要訣	【清】張九儀	清初三合風水名家張九儀擇日秘傳
115	天元選擇辨正	【清】一園主人	釋蔣大鴻天元選擇法
其他類			
116	述卜筮星相學	【民國】袁樹珊	民初二大命理家南袁北韋
117-120	中國歷代卜人傳	【民國】袁樹珊	南袁之術數經典